JN428299

마태복음 - 요한계시록

하나님의 말씀

하나님의 말씀 03

이영훈 지음

초판 1쇄 발행 2011년 8월 26일
초판 15쇄 발행 2025년 9월 12일

발 행 인 이영훈
발 행 처 서울말씀사

출판등록 제2016-000172호
주 소 서울시 영등포구 은행로 55, 5층
전 화 02-846-9222
팩 스 02-846-9225

본서의 저작권과 판권은
서울말씀사 소유이며 무단 전재, 복제를 금합니다.

03 마태복음 - 요한계시록

하나님의 말씀

이영훈 지음

서울말씀사

머리말

죄인이 회개하고 예수 그리스도를 구주로 영접하면 구원을 받고 하나님의 자녀로 거듭나게 됩니다. 한 아기가 태어나면 음식을 먹음으로써 성장해 가는 것처럼 거듭난 하나님의 자녀도 말씀을 먹어야 영적으로 자라게 됩니다. 사도 바울은 말씀을 통한 영적 성장의 필요성을 "너희는 이 세대를 본받지 말고 오직 마음을 새롭게 함으로 변화를 받아 하나님의 선하시고 기뻐하시고 온전하신 뜻이 무엇인지 분별하도록 하라"(롬 12:2)는 권면을 통해 강조하고 있습니다.

하나님의 말씀 속에는 사람을 변화시키고 치료하는 놀라운 능력이 담겨 있습니다. 우리의 믿음은 말씀을 들을 때 자랍니다(롬 10:17). 우리의 믿음이 하나님의 말씀 위에 뿌리내리고 말씀과 동행하면서 살아갈 때 삶 가운데 하나님께서 예비하신 오중복음과 삼중축복의 은혜가 넘쳐나게 됩니다.

하나님의 말씀과 동행하기 위해서는 첫째, 하나님의 말씀을 들어야 합니다. 둘째, 말씀을 매일 읽어야 합니다. 셋째, 말씀을 체계적으로 공부해야 합니다. 넷째, 말씀을 암송해야 합니다. 다섯째, 말씀을 깊이 묵상해야 합니다. 이처럼 말씀을 듣고, 읽고, 공부하고, 암송하고, 묵상할 때 삶 가운데 하나님의 은혜가 임하고 삶의 변화를 경험하게 될 것입니다. 특별히 말씀을 체계적으로 공부하는 것은 우리의 신앙생활에 큰 유익이 됩니다. 말씀을 통해 우리는 예수님의 참된 제자로 하나님의 뜻을 분별하고 의와 불의를 분별하는 지식을 얻을 수 있으며, 하나님을 좀 더 배우고, 알아가며, 닮아가게 됩니다.

새롭게 개정된 본 성경학교 교재는 기존의 교재보다 분량은 줄었으나 내용면에서 간결하고 명료하게 제작되었습니다. 본 교재를 통해서 성도님들은 보다 분명하고 명확하게 성경에 대한 체계적인 지식을 습득할 수 있을 것이고, 성경 66권에 대한 전반적인 내용을 배우고 말씀 가운데 굳건히 서게 되실 것입니다.

아무쪼록 본 성경학교 교재를 통해 하나님의 말씀이 여러분의 마음 속에 희망의 씨앗으로 뿌리내리고 삶 가운데 아름다운 성령의 열매가 풍성히 맺히기를 간절히 기원합니다.

2011년 8월

여의도순복음교회

담임목사 이영훈

추천사

하나님의 말씀은 놀라운 힘과 능력을 가지고 있습니다. 사도 바울은 이러한 사실을 "모든 성경은 하나님의 감동으로 된 것으로 교훈과 책망과 바르게 함과 의로 교육하기에 유익하니 이는 하나님의 사람으로 온전하게 하며 모든 선한 일을 행할 능력을 갖추게 하려 함이라"(딤후 3:16-17)고 강조하였습니다. 하나님의 말씀은 생명력이 있어 우리의 인생을 놀랍게 변화시킵니다(히 4:12-13).

기독교인의 성공적인 삶의 원칙은 하나님의 말씀인 성경 중심이어야 합니다. 하나님의 말씀이 우리의 삶을 이끌어가야 합니다. 이는 성령님께서 말씀을 통하여 우리의 삶을 다스리시는 방편이기도 합니다. 성령님의 인도하심을 따라 하나님의 말씀대로 살아가면 성도는 하나님의 나라를 바라보고, 하나님의 일을 감당하게 됩니다. 즉, 하나님의 말씀을 듣고, 믿고, 배우고, 기도하면서 살아갈 때 성도는 하나님의 일을 능력 있게 감당하게 됩니다. 또한 하나님의 말씀을 공부하면 성도는 담대히 말씀을 전파하고, 이웃과 사랑을 나누고, 더 나아가서 주님의 지상명령인 전도와 선교에 헌신하게 됩니다.

저의 목회철학을 잘 계승하고 하나님의 말씀에 충실하게 사역하고자 불철

주야 노력하고 있는 이영훈 목사가 이번에 성경학교 교재를 내용과 형식에 있어서 새롭게 수정 보완하여 출간하게 된 것을 기쁘게 생각하며 하나님께 진심으로 감사드립니다. 특별히 이 책을 통해 하나님의 말씀을 공부하는 성도 여러분이 성령님의 인도하심을 따라 하나님을 만나고 새로운 꿈을 꾸고 용기와 희망을 얻게 되고, 더 나아가 하나님의 말씀대로 살게 되는 변화의 축복을 체험하시기를 바랍니다.

2011년 8월

여의도순복음교회

원로목사 조용기

Contents

머리말

추천사

마태복음 … 11

마가복음 … 27

누가복음 … 41

요한복음 … 53

사도행전 … 67

로마서 … 83

고린도전서 … 97

고린도후서 … 109

갈라디아서 … 119

에베소서 … 129

빌립보서 … 139

골로새서 … 147

데살로니가전서 … 157

데살로니가후서 … 167

디모데전서 … 175
디모데후서 … 187
디도서 … 201
빌레몬서 … 209
히브리서 … 215
야고보서 … 229
베드로전서 … 241
베드로후서 … 253
요한일서 … 263
요한이서 … 273
요한삼서 … 279
유다서 … 285
요한계시록 … 293

마태복음

"아브라함과 다윗의 자손 예수 그리스도의 계보라" (마 1:1)

기록목적 마태복음은 예수님께서 하나님이시며 동시에 인간이심을 증거하고 있다. 예수님께서 온 인류의 죄를 사해 주시기 위해 이 땅에 오셨음을 전하고 있다. 구약의 유대적 전통과 기독교적 신앙 사이에서 갈등하는 정통 유대인과 기독교로 개종한 유대인 및 이방인들에게 예수님께서 구약에서 예언된 그 메시야이시며, 구약의 사상을 직접 계승한 분이심을 나타내기 위해 기록되었다.

저 자 마태

특 징
- 구약에 나타난 예언에 대한 신약의 성취를 보여 주는 서론의 역할을 한다.
- 왕(메시야)으로 오신 예수님을 강조하면서 구약의 말씀들을 빈번하게 인용하고 있다.
- 예수님을 유대인의 왕으로 묘사하면서 왕적 지위와 교훈을 강조하고 있다.
- 윤리적, 신학적 교훈들이 많은 부분을 차지하고 있다.

내·용·분·해

대분류	소분류	주요 내용
1. 왕으로 오신 예수 (1:1-11:1)	(1) 예수의 출현(1:1-4:11)	① 족보 ② 탄생 ③ 침례 ④ 세 가지 시험
	(2) 예수의 하나님 나라 선포(4:12-7:29)	① 공생애 사역의 시작 ② 산상수훈(팔복)
	(3) 예수의 권능 행함 (8:1-11:1)	① 치유 사역 ② 권능의 이적들 ③ 파송되는 제자들
2. 왕 되신 예수의 고난과 부활 (11:2-28:20)	(1) 예수에 대한 배척 (11:2-16:12)	① 논쟁들 ② 천국의 비유들 ③ 배척과 두 가지 기적
	(2) 예수의 고난 준비 (16:13-20:34)	① 베드로의 신앙고백 ② 고난의 예고 ③ 교훈들
	(3) 예수의 고난과 부활 (21:1-28:20)	① 성전 입성과 정화 ② 종교 지도자들과의 대립과 그들을 향한 책망 ③ 감람 산 설교 ④ 고난과 부활 ⑤ 지상 명령

내·용·연·구

1. 왕으로 오신 예수(1:1-11:1)

(1) 예수의 출현(1:1-4:11)

① 족보(1:1-17)

- 본서는 예수님의 족보로 시작하고 있다. 신약 성경이 시작되는 본서의 머리말에 족보를 기록한 것은 혈통을 중시했던 유대인들에게 예수 그리스도께서 그토록 오랫동안 대망해 오던 다윗 집안의 한 위대한 왕, 즉 메시야임을 확신시키기 위함이다.

② 탄생(1:18-2:23)

- 본문은 이사야가 예언한 '예수님의 동정녀 탄생'(사 7:14)을 기록하고 있다. 예수님께서 성령으로 잉태된 것은(1:18) 여자의 후손으로 태어나기 위함이며(참조. 창 3:15; 마 1:16), 죄인을 구원하기 위함이다(1:21).
- 예수 그리스도의 성육신 사건은 인류 역사상 가장 위대한 사건이며, 가장 위대한 사랑의 표현이다. 그러나 '생명의 떡' 되신 예수님께서는 유대인의 왕으로 태어나셨지만 그들에게 환영받지 못하시고 오히려 이방인(동방박사)에 의해 영접을 받으셨다(2:1-2).

"아들을 낳으리니 이름을 예수라 하라 이는 그가 자기 백성을 그들의 죄에서 구원할 자이심이라 하니라"(마 1:21)

임마누엘(마 1:23)
'하나님이 우리와 함께 계신다' 라는 의미

"예수께서 대답하여 이르시되 기록되었으되 사람이 떡으로만 살 것이 아니요 하나님의 입으로부터 나오는 모든 말씀으로 살 것이라 하였느니라"(마 4:4)

	일반적	상징적
황금	귀함	예수님의 왕권
유황	향품	예수님의 신성
몰약	부패 방지	예수님의 죽음

③ **침례**(3:1-17)

- 침례 요한은 주의 길을 예비하는 자로서 유대 광야에서 회개의 침례를 베풀었다(3:11). 물 침례를 받는 행위 자체가 회개를 의미하는 것은 아니다. 참된 회개는 삶의 변화, 즉 합당한 삶의 열매를 요구한다(3:8).
- 침례 요한의 침례는 '예수님' 의 메시야 되심을 선포하였고, '하나님' 의 음성과 '성령' 으로 이를 확증시키는 '삼위일체 하나님' 을 보여 주고 있다(3:16-17).

④ **세 가지 시험**(4:1-11)

- 예수님께서는 성령에 이끌려 광야에서 마귀에게 세 가지 시험을 받으셨지만, 말씀으로 마귀를 대적하여 승리하셨다. 죄 없으신 예수님께서 회개의 침례를 받고 마귀에게 시험을 받으신 것은 하나님의 의를 이루기 위함이요, 인간의 연약함을 체험하시기 위함이다(히 4:15).

	첫 번째 시험(4:3-4)	두 번째 시험(4:5-7)	세 번째 시험(4:8-10)
시험의 종류	육체적 시험	정신적 시험	영적 시험
시험당한 상황	주리신지라(4:2) : 금식의 약한 점 공격	성전 꼭대기(4:5) : 위태롭게 함	높은 산(4:8) : 세상의 영광을 보여줌
시험의 내용	하나님의 아들이어든 돌로 떡덩이가 되게 하라(4:3)	하나님의 아들이어든 성전 꼭대기에서 뛰어 내리라(4:6)	천하만국과 영광을 보여 주며 내게(마귀) 엎드려 경배하라(4:9)
말씀으로 대적	하나님의 말씀으로 살 것이라(4:4; 신 8:3)	하나님을 시험하지 말라(4:7; 신 6:16)	다만 그(하나님)를 섬기라(4:10; 신 6:13)

	첫 번째 시험(4:3-4)	두 번째 시험(4:5-7)	세 번째 시험(4:8-10)
교훈	자기의 유익을 위해 하나님을 이용해서는 안 된다	자기를 정당화하기 위해 하나님을 시험하면 안 된다	믿음의 사람은 두 주인을 섬길 수 없다 (참조. 마 6:22)

(2) 예수의 하나님 나라 선포(4:12-7:29)

① 공생애 사역의 시작(4:12-25)

- 예수님의 공생애 사역은 갈릴리 가버나움에서 회개의 선포로부터 시작된다(4:17).
- 예수님께서 제자로 부르신 베드로, 안드레, 야고보, 요한은 모든 것을 버려두고 예수님을 좇았다(4:20-22). 그들은 세상의 모든 것을 버렸지만, 예수님의 제자가 되어 세상에서 얻을 수 없는 하나님 나라의 것들을 소유하게 되었다.

"이같이 너희 빛이 사람 앞에 비치게 하여 그들로 너희 착한 행실을 보고 하늘에 계신 너희 아버지께 영광을 돌리게 하라"(마 5:16)

예수님의 3대 사역

마태복음 4장 23절은 예수님의 3대 핵심 사역을 명확히 묘사해 주고 있다.
"예수께서 온 갈릴리에 두루 다니사 그들의 회당에서 가르치시며 천국 복음을 전파하시며 백성 중의 모든 병과 모든 약한 것을 고치시니"(마 4:23).

① 가르침의 사역(Teaching)
② 복음 전파의 사역(Preaching)
③ 병 고침의 사역(Healing)

② **산상수훈**(팔복, 5:1-7:29)

- 산상수훈은 팔복과 교훈(5:1-16), 예수님께서 구약의 율법과 선지자를 완성하시는 주요 주제와 논의로 구성되어 있다(5:17).

팔복(마 5:3-12)

복의 대상	복의 내용
심령이 가난한 자	천국을 소유함
애통하는 자	위로를 받음
온유한 자	땅을 기업으로 받음
의에 주리고 목마른 자	풍요를 누림
긍휼히 여기는 자	긍휼을 받음
마음이 청결한 자	하나님을 봄
화평하게 하는 자	하나님의 아들이라 일컬음을 받음
의를 위하여 박해 받는 자	천국을 소유함

- 모세는 하나님의 백성이 행할 규범으로서 율법을 가르쳤지만 예수님께서는 산상수훈을 통해 천국 시민이 따라야 할 완성된 규범을 제시하셨다. 그러므로 예수님께서는 모세가 전해준 율법, 그 자체를 폐하지 않고 율법의 조항들에 대한 의미를 새롭게 해석해 주신 것이다.
- 천국 시민에게 세상의 빛(5:14)으로서의 사회적 사명과 더불어 부여된 윤리적 규범의 핵심은 사랑으로써 온전해지는 것이다(5:43-48).

"너희는 먼저 그의 나라와 그의 의를 구하라 그리하면 이 모든 것을 너희에게 더하시리라" (마 6:33)

(3) 예수의 권능 행함(8:1-11:1)

① 치유 사역(8:1-22; 9:18-35)

- 산상수훈을 마치고 산에서 내려오신 예수님께서는 각종 질병(나병, 중풍병, 열병, 혈루증, 맹인, 말 못하는 자)을 치료하시고, 죽은 자를 살리심으로써 모든 질병과 사망과 어둠을 이기는 권세를 가지셨음을 보여 주셨다.

② 권능의 이적들(8:23-9:17)

- 예수님께서 바람과 바다를 잠잠하게 하시고(4:23-27), 가다라 지방에서 귀신을 쫓아내는 이적(4:28-34)등을 통해 자연뿐만 아니라 모든 영적 권세들도 예수님의 권능 아래 있다는 것을 보여 주고 있다.

③ 파송되는 제자들(9:36-11:1)

- 예수님께서는 열두 제자들에게 더러운 귀신을 쫓아내며 모든 병과 모든 약한 것을 고치는 권능을 주셨다(10:1). 제자들을 파송하시면서 참 제자가 되려고 하는 자는 궁극적으로 자기 십자가, 즉 복음의 영광에 참여하기 위한 고난과 박해를 감수해야한다고 말씀하셨다(10:38).

Q&A

Q 바른 금식은 어떻게 하는 것일까(마 6:16-18)?

A 1. 겸비한 자세로 할 것(신 9:18; 느 9:1; 시 35:13)
2. 죄의 고백을 수반할 것(삼상 7:6; 느 9:1-2)
3. 기도를 게을리 하지 말 것(스 8:23; 눅 2:37; 고전 7:5)
4. 말씀을 상고하며 할 것(느 9:3; 렘 36:6)
5. 애통하며 하나님을 기억할 것(슥 7:5-6)
6. 사람에게 보이기 위해 하지 말 것(마 6:16)
7. 하나님의 긍휼히 여기심을 믿으며 할 것(마 6:18)

2. 왕 되신 예수의 고난과 부활(11:2-28:20)

(1) 예수에 대한 배척(11:2-16:12)

① 논쟁들(11:2-12:50)

- 바리새인들은 예수님의 제자들이 안식일에 이삭을 잘라 먹는 것과 예수님께서 한쪽 손 마른 사람을 고쳐주신 것을 보고 예수님과 논쟁을 벌였다(12:1-21). 안식일의 주인으로서 안식일을 제정하신 하나님의 뜻은 인간을 안식일에 얽어매기 위한 것이 아니라 인간에게 참된 안식을 주기 위함이다(12:7-8).

"수고하고 무거운 짐 진 자들아 다 내게로 오라 내가 너희를 쉬게 하리라"(마 11:28)

- 바리새인들은 예수님께서 귀신을 쫓아내는 일이 귀신의 왕 바알세불의 힘을 의지한 일이라고 주장하였다. 그러나 예수님께서는 귀신을 쫓아내는 것이 하나님의 사역이며, 성령을 훼방하고 거역하는 죄는 결코 용서받지 못한다고 말씀하시면서 바리새인들의 주장을 일축하셨다(12:28-32).

② 천국의 비유들(13:1-52)

- 예수님의 말씀 선포는 천국의 비유들을 통하여 중대한 전환점을 맞이하게 된다. 대다수의 유대 백성들은 예수님의 이적들과 메시지를 접하고서도 회개하기는커녕 육신의 소욕을 충족시키는 일에만 골몰해 있었다.
- 천국의 비유는 들을 귀 있는 자들에게는 보다 선명하게

기억되는 반면 완악하고 게으른 자들에게는 도무지 알아들을 수 없는 비밀로 받아들여질 뿐이었다.

〈천국의 비유들〉

비유	의미
씨 뿌리는 비유(13:3-9, 18-23)	말씀을 듣고 깨달아 실천하는 삶을 강조
곡식과 가라지 비유(13:24, 30, 36-43)	참 성도와 거짓 성도는 종말에 가려짐
겨자씨와 누룩 비유(13:31-33)	복음이 전파되는 외적 확장과 인간 심성을 통한 내적 확장
감추인 보화와 값진 진주 비유(13:44-46)	천국 비밀을 발견한 자의 전적인 헌신
그물 비유(13:47-50)	복음이 모두에게 전파되나 종말에는 악인과 의인이 가려짐

③ **배척과 두 가지 기적**(13:53-16:12)

- 예수님의 교훈이 주는 지혜의 깊이에 모두가 경이를 나타냈지만, 예수님의 고향 사람들은 편협한 마음과 시기심으로 진리를 배척하였다(13:54-57).
- 4복음서에 모두 기록되어 있는 '오병이어의 기적'은 작은 헌물과 감사를 통한 기적이었다(14:17-19). 예수님께서는 떡 다섯 개와 물고기 두 마리라는 작은 헌물을 가지고 하나님께 감사하셨고, 그결과 여자와 어린이를 제외하고도 오천 명이 먹고 열 두 광주리가 남는 기적이 일어났다.
- 예수님께서는 오병이어의 기적에 이어 바다 위를 걷는 기적을 보이셨다. 이를 통하여 예수님께서는 자연을 다

스리시는 전능한 하나님의 능력을 보이셨다(14:22-33).

(2) 예수의 고난 준비(16:13-20:34)

빌립보 가이사랴에서 베드로가 주님께 드린 신앙 고백에서 마태복음은 중요한 전환을 이룬다. 예수님께서 권능을 행하는 메시야의 모습에서 고난당하시는 메시야의 모습으로 그려지기 시작한다. 메시야로 오심의 궁극적인 목적이 대속의 죽음을 위한 것임을 가르치신다.

"너희 중의 두 사람이 땅에서 합심하여 무엇이든지 구하면 하늘에 계신 내 아버지께서 그들을 위하여 이루게 하시리라 두세 사람이 내 이름으로 모인 곳에는 나도 그들 중에 있느니라"(마 18:19-20)

① 베드로의 신앙고백(16:13-16)

- 예수님께서 제자들을 향하여 "너희는 나를 누구라 하느냐"고 물으셨을 때, 베드로는 "주는 그리스도시요 살아계신 하나님의 아들이시니이다" 하고 자신의 신앙을 고백하였다(16:16).
- 하나님께서는 믿음의 결단과 고백을 원하는 물음에 베드로와 같이 믿음으로 대답할 수 있는 사람들을 찾고 계신다.

② 고난의 예고(16:17-17:27; 20:17-19)

- 초기 예수님의 사역은 '예수님은 누구신가?'를 무리들에게 보이기 위한 것이었으나, 이제부터 고난의 예고를 통해 초점은 '메시야 되신 예수님께서 무엇을 하기 위해 오셨나?'에 맞추어진다.

• 예수님께서는 제자들에게 자신을 좇는 길이 십자가를 지는 길임을 가르치시며(16:24-28), 자신의 죽음과 부활을 말씀하셨다(17:22-23; 20:17-19).

③ **교훈들(18:1-20:34)**

• 예수님께서는 공동체에서의 삶의 원리(18:1-35)뿐 아니라, 이혼에 대한 교훈(19:1-12), 어린아이에 대한 교훈(19:13-15), 부자 청년과의 대화(19:16-30) 등을 통하여 천국 시민의 핵심적인 윤리관과 생활관을 가르치셨다.

데나리온(마 20:2)
무게가 3.8g인 은으로 된 로마의 화폐를 말한다. 이는 신약 시대 노동자의 하루 일당에 해당하는 가치를 지녔다.

(3) 예수의 고난과 부활(21:1-28:20)

① **성전 입성과 정화(21:1-17)**

• 예수님께서는 나귀를 타심으로 스가랴의 예언(슥 9:9)을 이루시며, 지배하고 군림하는 왕으로서가 아니라 '겸손한 왕' 으로서 예루살렘에 입성하셨다(21:5). 그리고 세속화된 하나님의 성전을 정화하셨다(21:12-13).

"누구든지 자기를 높이는 자는 낮아지고 누구든지 자기를 낮추는 자는 높아지리라" (마 23:12)

② **종교 지도자들과의 대립과 책망(21:23-23:39)**

• 바리새인과 사두개인들은 예수님의 권위에 도전하며 납세 문제(22:15-22), 부활의 문제(22:23-33), 율법의 계명(22:34-49)으로 예수님과 대립한다. 이들의 도전에 맞서 예수님께서는 '하나님 사랑' 과 '이웃 사랑' 이 온 율법과 선지자의 핵심 강령임을 가르치셨다(22:34-40).

• 예수님께서는 율법을 수단으로 하여 외식하는 바리새

인과 서기관들을 '독사의 새끼들'로 부르며 호되게 책망하셨다(23:13-35).

〈바리새인과 사두개인〉

구 분	바리새인	사두개인
어 원	분리된 자	의로운 자
계 층	다수 평민, 중산층	소수 귀족층
율 법	엄격한 율법주의	형식적 율법주의
정 치	정치에 대체로 무관심	정치에 관심
신 학	영생, 부활, 영, 천사를 믿음	영생, 부활, 영, 천사를 부인
성 경	모세 오경과 함께 유대 전승의 권위를 인정	모세 오경만 인정

③ 감람 산 설교(24:1-25:46)

예수님께서 감람 산에서 행하신 설교는, 유대 종교 지도자들의 가증스러운 외식을 모든 제자들과 무리들 앞에서 공개적으로 성토하신 후 곧바로 선포하신 종말에 대한 말씀이다.

- 예루살렘 성전 멸망 예언 : 예수님께서는 형식적인 믿음으로 성전에 집착하는 무리들에게 성전 멸망을 예언하셨다(24:1-2).
- 종말의 징조: 예수님께서는 종말의 징조로 적그리스도의 미혹, 난리의 소문, 기근과 지진, 환난과 시험, 거짓 선지자의 미혹, 불법과 사랑의 식어짐을 말씀하셨다(24:3-14).

"그 주인이 이르되 잘하였도다 착하고 충성된 종아 네가 적은 일에 충성하였으매 내가 많은 것을 네게 맡기리니 네 주인의 즐거움에 참여할지어다"(마 25:21)

• 큰 환난의 모습들: 7년 대 환난 때의 모습을 상징한다(24:15-28).

• 그리스도의 재림: 환난 후 그리스도의 지상 재림을 말씀하고 있다(24:29-35).

• 종말의 시기: 종말의 시기는 오직 하나님만 아신다. 오직 깨어서 기도로 종말을 준비해야 한다(24:36-44).

• 충성되고 지혜 있는 종의 비유: 예수님께서 하나님의 집을 맡은 청지기들인 제자들에게 권면하시는 말씀이다(24:45-51).

• 열 처녀 비유: 신랑 되신 예수님을 맞이하는 슬기로운 다섯 처녀같이 되기 위해서는 늘 성령(기름)을 모신 가운데 생활해야 한다(25:1-13).

• 달란트 비유: 하나님께서는 각자에게 합당한 재능을 주시며, 충성스럽게 일 하시기를 원하신다(25:14-30).

• 양과 염소의 비유: 마지막 날의 심판 상황을 진술하는 본문의 예언 속에는 심판의 주체, 대상, 방법, 결과가 압축적으로 제시되어 있다(25:31-46).

④ 고난과 부활(26:17-28:15)

• 예수님께서는 고난당하시기 전 마지막 만찬을 통해 예수님의 몸과 피를 상징하는 떡과 포도주로 새 언약을 맺으셨다(26:26-29). 그리고 예수님께서는 겟세마네 동산에서 십자가를 눈앞에 두고 심히 고민하여 간절히 기도하

마태복음에만 나오는 비유	
1	가라지의 비유(13:24-30)
2	감추인 보화의 비유(13:44)
3	값진 진주의 비유(13:45-46)
4	그물의 비유(13:47-50)
5	사람을 더럽히는 것의 비유(15:11)
6	무자비한 종의 비유(18:23-35)
7	포도원 품꾼의 비유(20:1-16)
8	두 아들의 비유(21:28-32)
9	혼인잔치의 비유(22:2-14)
10	열 처녀의 비유(25:1-13)
11	달란트 비유(25:14-30)
12	양과 염소의 비유(25:31-46)

셨다(26:44). 그 이유는 오직 순종하기 위함이었다(26:39).

- 예수님께서는 오랫동안 사랑하고 가르친 그의 제자 가룟 유다의 입맞춤에 의해 체포당하셨다(26:49). 무리들은 예수님에게 온갖 모욕을 가했고, 예수님은 십자가에 못 박혀 매달리셨다.
- 예수님께서는 "엘리 엘리 라마 사박다니"(나의 하나님, 나의 하나님, 어찌하여 나를 버리셨나이까)라는 절규와 함께 운명하셨다(27:46-50).
- 안식 후 첫날, 즉 십자가에서 죽음을 당하신지 3일 만에 부활하신 예수님께서는 여인들과 제자들에게 나타나셨다(28:1-10).

"육시로부터 구시까지" (마 27:45)
오늘날의 시각으로 정오에서 오후 3시까지이다.

⑤ **지상명령(28:16-20)**

- 죽음을 이기고 부활하신 예수님께서는 제자들에게 지상 명령을 내리셨다(28:18-20).

"너희는 가서 모든 민족을 제자로 삼아 아버지와 아들과 성령의 이름으로 침례를 베풀고 내가 너희에게 분부한 모든 것을 가르쳐 지키게 하라" (마 28:19-20)

〈예수님의 지상명령〉

말 씀	의미
너희는 가서	선교 사역에 적극적이고 능동적이고 지속적인 자세로 임하라
제자를 삼고	영혼을 구원하고 예수 그리스도의 장성한 분량에 이르기까지 양육하라
침례를 주고	예수 그리스도의 몸 된 교회의 한 지체가 되어 신앙생활을 할 수 있도록 세우라
가르쳐 지키게 하라	말씀을 배우고 지킴으로 예수 그리스도의 제자의 삶을 살게 하라

마태복음의 적용과 실천

왜 하나님께서는 제사 대신 긍휼을 원하십니까(9:13)?

우리를 향한 주님의 지상명령은 무엇입니까(28:19-20)?

천국은 이미(already) 주님과 함께 실체로 왔으나 아직(not yet) 완성된 것은 아닙니다. 오직 예수 그리스도께서 마지막 날에 다시 오실 때 비로소 하나님 나라가 완전히 성취되는 것입니다.

마태복음(1~28장) 읽기

주일	월	화	수	목	금	토
1:1-27	2:1-7:29	8:1-11:1	11:2-16:12	16:13-20:34	21:1-25:46	26:1-28:20

마가복음

"인자가 온 것은 섬김을 받으려 함이 아니라 도리어 섬기려 하고
자기 목숨을 많은 사람의 대속물로 주려 함이니라" (막 10:45)

기록목적 마가복음은 종으로 오신 예수 그리스도의 행적과 교훈을 박해와 고난을 당하는 성도들에게 가르침으로써 용기와 격려를 주고자 기록되었다. 또한 그리스도인들이 겪는 고난이 아무리 힘들어도 그것은 이미 예수 그리스도께서 당하신 고난이며, 그리스도의 부활이 모든 성도들의 부활임을 선포함으로써 절망 가운데 있는 그리스도인들에게 희망을 주고자 기록되었다.

저　　자 마가

특　　징
- 예수 그리스도의 교훈이나 교리보다는 행동과 이적을 강조하고 있기 때문에 내용 진술에 있어서도 단순하며 직설적이다.
- 예수님의 사역을 시간적, 공간적으로 구분하여 기록하고 있다.
- 예수님의 고난을 상세하게 기록하고 있다.
- 종말에 대한 예수님의 말씀이 성전과 고난과 밀접하게 연결되어 있다.

내·용·분·해

대분류	소분류	주요 내용
1. 고난의 종으로 오신 예수 (1:1–8:26)	(1) 예수의 출현 (1:1–1:13)	① 침례 ② 광야에서의 시험
	(2) 예수의 사역과 배척 (1:14–8:26)	① 갈릴리 초기 사역 ② 금식과 안식일 논쟁 ③ 갈릴리 후기 사역 ④ 나사렛에서의 배척 ⑤ 열두 제자의 파송 ⑥ 권능과 기적의 사역
2. 종 되신 예수의 고난과 부활 (8:27–16:20)	(1) 예수의 고난 예고와 하나님 나라 (8:27–10:52)	① 베드로의 신앙고백 ② 세 차례 고난 예고 ③ 변화 산 사건 ④ 하나님 나라
	(2) 예수의 고난과 죽음 (11:1–15:47)	① 성전 입성과 정화 ② 교훈들 ③ 종말 예언 ④ 십자가 고난과 죽음
	(3) 예수의 부활과 승리 (16:1–20)	① 부활 ② 선교 명령 ③ 승천

내 · 용 · 연 · 구

1. 고난의 종으로 오신 예수(1:1-11:1)

(1) 예수의 출현(1:1-1:13)

① 침례(1:9-11)

- 예수님의 출현에 앞서 침례 요한은 죄 사함을 위한 회개의 침례를 전파하였다. 이는 구원 역사에 결정적인 전환을 알려주는 메시야의 시대가 다가왔음을 뜻한다.
- 죄 없으신 예수님께서 요한의 침례를 받으신 것은 자신이 인류의 모든 죄를 대속할 분이심을 스스로 증명하고, 구약의 예언대로 메시야로서의 기름 부음을 성취하기 위함이다(참조. 시 2:2).
- 예수님께서 침례를 받으시고 물에서 올라오시자 하늘이 열리고, 성령이 비둘기같이 임하고, 하늘로부터 "너는 내 사랑하는 아들이라 내가 너를 기뻐하노라"는 하나님의 음성이 들려왔다. 이는 삼위일체 하나님의 조화로운 역사였다(1:9-11).

② 광야에서의 시험(1:12-13)

- 예수님께서 사탄의 시험을 물리치고 들짐승과 함께하심은 그가 에덴의 회복을 이루는 분이며, 천사의 수종을

"이르시되 때가 찼고 하나님의 나라가 가까이 왔으니 회개하고 복음을 믿으라 하시더라"(막 1:15)

물 침례	성령 침례
외적 표현	외적, 내적 표현
마 3:8	요 3:5
일회성	연속성
회개에 합당한 열매를 맺음	거듭남 (중생)

"누구든지 성령을 모독하는 자는 영원히 사하심을 얻지 못하고 영원한 죄가 되느니라"(막 3:29)

받으심은 하나님과의 관계 회복을 이루는 분이심을 보여준다.

(2) 예수의 사역과 배척(1:14-8:26)

① 갈릴리에서의 초기 사역(1:14-2:17)

- 복음 전파: 예수님의 사역은 갈릴리를 순회하시며 복음 전파와 함께 시작한다(1:14).
- 제자를 부르심: 예수님께서는 사역을 시작하면서 갈릴리 호수에서 고기를 잡고 그물을 깁고 있던 네 명의 제자(시몬, 안드레, 야고보, 요한)를 부르셨다(1:16-20).
- 귀신을 쫓으심: 예수님께서는 온 갈릴리를 두루 다니시며 귀신을 쫓으셨다(1:21-28).
- 치료하심: 예수님께서는 열병, 나병, 중풍병 등 각종 질병을 치료 하셨다(1:29-2:12).

② 금식과 안식일 논쟁(2:18-3:12)

- 예수님께서는 외식하며 행하는 바리새인들의 습관적인 금식을 책망하셨다. 금식은 하나님의 영광과 이웃을 위해 그리고 자신의 신앙생활을 위해 자신의 마음을 찢고(참조. 욜 2:13), 은밀한 중에 계시는 하나님께만 보이는 바른 금식이어야 한다(참조. 마 6:17-18).
- 바리새인들은 예수님의 제자들이 안식일에 이삭을 먹는 모습을 보고 "안식일에 하지 못할 일을 하나이까"

네 제자의 소명 장면을 통한 교훈	
1	생활 현장에서 일할때 예수님을 만남(16-17절)
2	의심치 않고 즉시 예수님을 믿음(17-18절)
3	예수님의 부르심에 즉각 순종함(17-18절)
4	예수님의 부르심에 전적으로 순종함(18, 20절)
5	자신만을 위한 이기적 삶에서 떠남(18, 20절)
6	생업 수단을 버리면서까지 주를 따름(18, 20절)
7	혈육의 정도 포기하며 따름(20절)

(2:24)라고 비난했다. 예수님께서는 인간의 배고픔을 채우는 일이 형식적인 종교의식을 행하는 것보다 중요함을 가르치셨다. 하나님께서는 지나친 외식이나 율법보다 오히려 긍휼과 사랑을 더 중히 여기신다.

③ 갈릴리에서의 후기 사역(3:13-5:43)

- 제자훈련: 예수님께서는 갈릴리에서의 사역을 다시 시작하면서 열두 제자를 세우셨고, 제자 훈련을 통해 복음 사역에 동참하고 권능을 행하도록 가르치셨다(3:13-35).
- 비유의 말씀: 예수님께서는 세 가지 비유(씨 뿌리는 비유, 등불 비유, 겨자씨 비유)를 통해 하나님 나라의 비밀을 설명하셨고 깨닫게 하셨다(4:1-34).
- 권능과 기적: 예수님께서는 바다의 광풍을 잠잠하게 하시며(4:35-41), 귀신을 굴복시키시는 권능과 기적을 행하셨다(5:1-20).
- 치유 사역: 예수님께서는 회당장 야이로의 딸을 살리심으로 사망의 권세를 물리치고 부활의 첫 열매가 되실 것을 예표하셨다.

④ 나사렛에서의 배척(6:1-6)

- 예수님께서는 선입견을 가지고 자신을 대하는 나사렛 사람들에게 아무런 권능을 행할 수 없었다(6:5). 그들이 믿지 않았기 때문이다(6:6). 인간의 경험과 상식은 때때로 신앙생활에 걸림돌로 작용할 수 있다. 따라서 우리는

"예수께서 이르시되 딸아 네 믿음이 너를 구원하였으니 평안히 가라 네 병에서 놓여 건강할지어다" (막 5:34)

Q&A

Q 왜 예수님께서 '비유'를 많이 사용하셨을까(막 4:33-34)?

A 비유는 예수님의 독특한 학습방법이다. 비유란 헬라어로 '옆에 놓는다(파라볼레)'는 뜻으로, 어떤 것을 이해하기 위해 다른 것을 펴 놓고 비교하여 이해하도록 도와주는 방법이다. 특별히 예수님께서는 이해하기 어려운 하나님 나라의 비밀을, 복음을 듣는 사람들의 수준에 맞추어 쉽게 설명하려고 하셨던 것이다.

마가복음의 예수님의 인성을 강조한 표현	
7:34; 8:12	슬퍼하시고
6:6	이상히 여기시고
6:34	불쌍히 여기시고
10:21	사랑하시고
3:5; 10:14	노여워하시고
4:38	주무시고
6:31	피곤하시며
11:12	주리시는

하나님의 생각과 마음을 품고 생활해야 한다.

⑤ **열두 제자의 파송**(6:7-13)

- 예수님께서는 열두 제자들에게 복음 전파의 임무와 더러운 귀신을 제어할 수 있는 권세를 부여하시고 세상을 향해 그들을 파송하셨다(6:7). 함께 예배하며 모이는 교회와 세상에 복음을 선포하기 위해 흩어지는 교회를 통해 하나님께서는 영광을 받으신다.

⑥ **권능과 기적의 사역**(6:30-8:26)

- 오병이어의 기적: 예수님의 가르침을 받은 무리들이 배고파하자 예수님께서는 떡 다섯 개와 물고기 두 마리로 남자만 오천 명을 배불리 먹이시고 열두 광주리를 남기셨다(6:30-44). 예수님께서는 인간의 영적인 필요뿐만 아니라 육체적인 필요까지 채워주시는 공급자요, 목자이시다.
- 바다 위를 걷는 기적: 예수님께서는 자연을 다스리심으로 바다 위를 걷고, 바람을 멈추게 하시는 기적을 행하셨다(6:45-52).
- 치료의 권능: 예수님의 옷 가에 손을 대는 자는 모두 성함을 받았고(6:56), 예수님께서는 각종 질병을 치료하심으로 하나님의 놀라운 권능을 행하셨다(7:24-37; 8:22-26).

2. 종 되신 예수의 고난과 부활

(1) 예수의 고난 예고와 하나님 나라(8:27-10:52)

① 베드로의 신앙고백(8:27-30)

- 예수님께서 제자들을 향하여 "너희는 나를 누구라 하느냐" 고 물으셨을 때, 베드로는 "주는 그리스도시니이다" 하고 자신의 신앙을 고백하였다(8:29).
- 마가복음에서 예수님의 사역은 베드로의 신앙고백이 있은 후, 큰 전환을 이룬다. 예수님의 사역은 권능을 행하시는 메시야의 모습에서 고난 당하는 종의 모습으로 전환된다. 예수님께서는 고난의 예고와 교훈들을 통해 메시야의 궁극적인 목적이 대속의 죽음인 것을 가르치신다.

② 세 차례 고난 예고(8:31-9:1; 9:30-32; 10:32-34)

- 당시 제자들을 포함한 상당수 유대인들은 예수님께서 그들의 메시야로서 왕이 되어 영광스럽게 통치할 것이라고 믿었다. 그러나 예수님께서는 본서의 8장, 9장, 10장에서 이러한 기대에 부응하지 않으시고, 자신이 죽임을 당할 것이라고 세 차례나 말씀하시면서 무리와 제자들에게 "나를 따라오려거든 자기를 부인하고 자기 십자가를 지고 나를 따를 것이니라" (8:34)고 가르치셨다.

Q&A

Q 다른 복음서에는 나오지 않는 마가복음에만 있는 내용은 무엇이 있을까?

A 1. '자라나는 씨' 의 비유 (막 4:26-29)
2. 갈릴리 호수에서 귀 먹고 말 더듬는 자를 고치심 (막 7:31-37)
3. 벳세다의 맹인을 고치심 (막 8:22-26)

"누구든지 나를 따라오려거든 자기를 부인하고 자기 십자가를 지고 나를 따를 것이니라" (막 8:34)

③ **변화 산 사건**(9:2-13)

- 자신이 당할 고난을 예고하신 예수님께서는 베드로와 야고보와 요한을 따로 데리고 높은 산으로 기도하시러 올라가셨다(9:2). 예수님께서 기도하실 때에 그 용모가 변하고 엘리야와 모세가 현현하여 예수님과 함께 말하는 것을 제자들이 보았다(9:4).
- 구약의 선지자 엘리야와 율법을 받은 모세가 변화 산에 나타난 것은 예언과 율법이 예수가 메시야임을 암시하고 구속 사역을 위한 그리스도의 고난과 죽음과 부활을 예시하기 위함이다.

④ **하나님 나라**(10:13-31)

- 예수님께서는 어린아이와 같이 순수하고, 전적으로 하나님을 의지하고 순종하는 자만이 하나님 나라에 들어갈 수 있다고 가르쳐주고 있다(10:13-16).
- '재물이 많은 사람의 이야기' (10:17-31)에서 알 수 있듯이 구원은 행위로 말미암은 것이 아니라 그리스도께서 흘리신 보혈과 구속의 은혜를 믿을 때 얻을 수 있다.
- 베드로와 다른 제자들은 예수님을 따르기 위해 모든 것을 버렸다. 하나님께서는 그리스도와 복음을 위해 헌신한 사람에게 금세와 내세에 복을 주신다(10:28-31).

(2) 예수의 고난과 죽음(11:1-15:47)

① 성전 입성과 정화(11:1-19)

- 예수 그리스도께서는 고난 주간을 보내기 위하여 어린 나귀를 타고 평화의 왕으로 겸손하게 예루살렘에 입성하셨다(참조. 슥 9:9).
- 예루살렘에 입성하신 예수님께서는 하나님의 기도하는 집인 거룩한 성전 안에서 매매하고, 돈 바꾸는 자들을 내쫓으시며 성전을 정화시키셨다(11:16).

② 교훈들(11:20-12:44)

- 기도에 대한 교훈을 통해서 믿음의 기도를 강조하셨다(11:20-25).
- 납세에 대한 교훈을 통해서 세상에서의 의무 준수를 말씀하셨다(12:13-17).
- 사랑에 대한 교훈을 통해서 하나님과 이웃 사랑을 가르치셨다(12:28-34).
- 가난한 과부의 헌금에 대한 교훈을 통해서 마음과 정성이 담긴 헌금에 대하여 권면하셨다(12:41-44).

③ 종말 예언(13:1-37)

- 예루살렘에 입성하시면서 성전을 정화하셨던 예수님께서는 성전을 나가시면서 성전의 완전한 파괴를 예언하신다(13:1-2).
- 감람 산 강론에서는 말세의 징조들(13:3-13)과 대환난

마가복음 개요

섬김 (1-10장)	희생 (11-16장)
갈릴리와 그 주변에서 선포	예루살렘에서 수난 당하심
환호와 갈채를 받으심	십자가에서 못 박히심
섬기는 자의 본을 보이심	우리 죄 때문에 죽으심
비유와 이적	예언과 논쟁

"그러므로 내가 너희에게 말하노니 무엇이든지 기도하고 구하는 것은 받은 줄로 믿으라 그리하면 너희에게 그대로 되리라"(막 11:24)

(13:14-23)과 그리스도의 재림(막 13:24-27)에 대하여 예언하면서 미혹에 빠지지 않도록 주의하고 깨어있으라고 말씀하셨다. 종말의 시기는 오직 하나님만이 아신다. 따라서 우리는 종말의 때에 주님의 재림을 준비하며 항상 기도로 깨어있어야 한다(13:33-37).

④ 십자가 고난과 죽음(14:1-15:47)

세 차례의 고난 예고 내용

예수님께서 버린 바 되어 고난을 받고 죽음을 당하신 후 사흘 만에 부활하신다(8:31).
예수님께서 체포되어 죽음을 당하신 후 부활하신다(9:30-32).
예수님께서 멸시천대, 고난을 당하신 후 십자가에 못 박히신다(10:32-34)

- 마리아는 예수님께서 베다니 나병 환자 시몬의 집에서 식사하실 때, 매우 값진 향유를 예수님의 머리에 부어 예수님의 장사를 준비했다(14:3-9).
- 가룟 유다는 예수님을 대제사장에게 팔아넘기고(14:10-11), 예수님께서는 베드로도 자신을 부인할 것을 예고하셨다(14:26-31).
- 예수님께서는 겟세마네 동산에서 십자가의 고난을 눈앞에 두고 땀방울이 핏방울이 되도록 간절히 기도하셨다(14:32-42).
- 결국 예수님께서는 체포되고, 산헤드린 공회원들은 죄 없으신 예수 그리스도에게 불공정한 재판으로 사형을 언도했다(14:65). 빌라도의 법정에서도 예수님께서는 인류의 죄를 대신하여 십자가를 지기 위해 인내와 사랑으로 침묵하셨다.
- 예수님께서는 십자가에 달리셨다(15:16-32). 유대인들에게 십자가는 수치의 대상이지만, 그리스도인에게 십자

가는 하나님의 위대한 능력이며 구원이다(참조. 요 3:16; 고전 1:18). 예수님께서 십자가에 달리신 것은 온 인류의 죄를 사하기 위해 드려진 거룩한 희생이다.

"제구시에 예수께서 크게 소리 지르시되 엘리 엘리 라마 사박다니 하시니 이를 번역하면 나의 하나님, 나의 하나님 어찌하여 나를 버리셨나이까 하는 뜻이라"(막 15:34)

(3) 예수의 부활과 승리(16:1-20)

① 부활(16:1-14)

- 안식 후 첫날 부활과 생명 되신 예수님께서 사망 권세를 이기시고 승리자의 모습으로 부활하셨다.
- 부활하신 예수님께서는 세 여인과 절망에 빠진 제자들에게 나타나셔서 부활을 목격한 자들의 증거를 믿지 않는 어리석고 완악한 마음을 책망하셨다(16:6-14).

② 선교 명령(16:15-18)

- 예수님께서는 믿는 자들에게 나타날 표적, 즉 귀신을 쫓아내고, 새 방언을 말하며, 신유를 행할 것을 가르치시며 온 천하 만민에게 복음을 전파하라고 명령하셨다(16:15).

"믿고 침례를 받는 사람은 구원을 얻을 것이요 믿지 않는 사람은 정죄를 받으리라"(막 16:16)

③ 승천(16:19-20)

- 인류를 구원하시기 위해 세상에 오셨던 하나님의 아들 예수 그리스도께서는 십자가로 그 사명을 완수하시고 부활하셨다.
- 예수님께서는 선교 명령의 선포를 마치신 후 승천하여 하나님의 우편에 앉으셨다(16:19).

- 예수 그리스도의 증인 된 제자들은 세상으로 나가 표적을 통해 온 천하 만민에게 복음을 전파하였다(16:20).

마가복음의 적용과 실천

복음은 무엇을 말하는 것입니까(1:1)?

누구든지 으뜸이 되려면 어떻게 해야 합니까(10:44)?

복음이란 예수 그리스도를 배제하고는 전혀 설명이 불가능한 것입니다. 복음은 예수 그리스도의 실존과 그의 대속적 죽음이 아니고서는 실재 할 수 없는 것입니다. 그런 의미에서 누구든지 예수 그리스도에 대한 올바른 지식과 믿음이 없이는 복음을 이해하고 수용한 것이라 할 수 없는 것입니다.

마가복음(1~16장) 읽기

주일	월	화	수	목	금	토
1:1-2:12	2:13-3:12	3:13-6:13	6:14-8:26	8:27-10:52	11:1-15:47	16:1-20

누가복음

"인자가 온 것은 잃어버린 자를 찾아 구원하려 함이니라" (눅 19:10)

기록목적 누가복음은 인자(人子)로 오신 예수 그리스도를 강조하고 있다. 따라서 예수님의 탄생은 물론 다른 복음서에서 찾아볼 수 없는 유년기와 소년기의 기사까지 전해주고 있다. 예수님께서 인간을 대표하여 모든 인간의 죄를 대속하시기 위해서 오셨음을 선포해 주며, 이방인들에게 완전하고 유일한 인간으로서의 예수 그리스도의 생애와 사상을 알림으로써 그들의 믿음을 견고하게 하고 불신자들의 공격을 막으며 결국은 복음이 더 널리 전파되도록 하기 위해서 기록되었다.

저　　자 누가

특　　징
- 참 하나님이시며 완전한 인간이신 예수님의 생애가 강조되어 있다.
- 사회적 약자(가난한 자, 소외된 자, 죄인)에게 특별한 관심을 보이고 있다.
- 예수님의 행적을 역사적 사실에 근거하여 구체적이고 상세하게 기록하고 있다.
- 예수 그리스도의 주권과 성령과 기도에 대하여 강조하고 있다.
- 누가는 예수님의 권능의 사역을, 사도들을 통한 성령의 역동적인 사역과 연결하여 사도행전을 통해 더욱 구체적으로 묘사한다.

내·용·분·해

대분류	소분류	주요 내용
1. 인자로 오신 예수의 사역 (1:1–19:27)	(1) 예수의 출현 (1:1–4:13)	① 침례 요한과 예수 ② 광야의 시험
	(2) 예수의 사역 (4:14–19:27)	① 갈릴리 사역 ② 배척과 논쟁 ③ 제자도와 교훈들 ④ 고난 예고
2. 인자로 오신 예수의 고난과 부활 (19:28–24:53)	(1) 예수의 고난 주간 Ⅰ (19:28–22:46)	① 주일(예루살렘 입성) ② 월요일(성전 정화) ③ 화요일(사역) ④ 목요일(최후의 만찬)
	(2) 예수의 고난 주간 Ⅱ (22:47–23:56)	① 금요일(십자가 고난) ② 토요일(무덤에 계심)
	(3) 예수의 부활과 승천 (24:1–53)	① 부활 ② 지상 명령 ③ 승천

내·용·연·구

1. 인자로 오신 예수의 사역(1:1-4:13)

(1) 예수의 출현(1:1-4:13)

① 침례 요한과 예수(1:1-3:38)

- 침례 요한은 예수, 즉 메시야의 길을 닦기 위한 하나님의 계획이었다. 하나님의 말씀은 메시야가 오실 때, 그보다 앞서 한 사람이 나타나서 그의 길을 예비할 것이라고 예언하셨다(참조. 사 40:3; 말 3:1).
- 예수님의 탄생은 선지자를 통해 이미 예언되었고(참조. 미 5:2), 동정녀를 통해 잉태되심은 예수님께서 죄와 구별된 완전한 인간으로 오셨음을 나타낸다.

② 광야의 시험(4:1-13)

- 예수님께서는 공생애 사역에 앞서 성령에 의해 이끌림을 받아 광야에서 40일 동안 마귀에게 시험을 받으셨다.
- 마귀의 시험은 모두 육신의 정욕과 안목의 정욕과 이생의 자랑이었다(참조. 요일 2:16). 예수님께서는 마귀의 모든 시험을 말씀으로 물리치고 승리하셨다.

"지극히 높은 곳에서는 하나님께 영광이요 땅에서는 하나님이 기뻐하신 사람들 중에 평화로다 하니라" (눅 2:14)

베들레헴(눅 2:4)
'떡집' 이란 뜻으로 예루살렘 남쪽에 위치한 작은 마을로 예수의 출생지이자 다윗의 고향이다.

"주의 성령이 내게 임하셨으니 이는 가난한 자에게 복음을 전하게 하시려고 내게 기름을 부으시고 나를 보내사 포로 된 자에게 자유를, 눈 먼 자에게 다시 보게 함을 전파하며 눌린 자를 자유롭게 하고 주의 은혜의 해를 전파하게 하려 하심이라 하였더라" (눅 4:18-19)

(2) 예수의 사역(4:14-19:27)

① 갈릴리 사역(4:14-9:50)

- 예수님의 사역의 목적은 인자로서 자신을 나타내는 것이었다. 예수님이 회당에서 귀신을 쫓아내심으로 그의 권세가 증명되었으며(4:31-37), 또한 예수님께서는 당시 육체뿐 아니라 사회적으로 고통을 받고 있던 나병 환자를 고치시고, 이스라엘 사람들에게 용서받을 수 없는 직업을 가진 세리를 부르심으로 모든 사람들에게 구원의 길을 열어주셨다(5:12-32).

〈갈릴리 사역의 내용〉

사역 시기	치유의 내용	성경 본문
제1차 갈릴리 사역	회당에서 귀신들린 자를 고치심	4:31–36
	베드로의 장모의 열병을 고치심	4:38–39
	나병 환자를 고치심	5:12–16
	중풍 병자를 고치심	5:18–26
	손 마른 자를 고치심	6:6–10
제2차 갈릴리 사역	백부장의 종을 고치심	7:1–10
	나인 성 과부의 아들을 살리심	7:11–15
	회당장 야이로의 딸을 살리심	8:41–42, 49–56
제3차 갈릴리 사역	간질병 걸린 아이에게서 귀신을 쫓아내심	9:38–42

- 백부장의 종을 치유한 사건은 믿음의 기적을 일으킨 사건이었고(7:2-10), 광풍을 잠잠하게 한 사건은 자연에게

인격적으로 명령하는 예수님의 초자연적 권세자의 모습을 보여 주고 있다(8:22-25).

- 예수 그리스도의 부활 사건과 함께 4복음서에 모두 기록된 오병이어의 기적은 예수님께서 신적인 능력자임을 증명해 주고 있다(9:10-17).
- "하나님의 그리스도시니이다"(9:20)라는 베드로의 신앙 고백이 있은 후 예수님께서는 제자들에게 십자가의 죽음과 부활(9:22) 그리고 자신의 삶을 포기하고 십자가의 길을 걸으며 주를 믿고 순종하는 삶(9:23)에 대하여 가르치셨다.

② **배척과 논쟁**(9:51-11:54)

- 예수님께서 사마리아에 들어가셨으나 그들은 예수님을 배척했다(9:52-53). 사마리아인들은 전통적 관습과 편견에 사로잡혀 진정한 성전이신 예수님을 통한 구원의 길을 상실한 것이다. 예수님께서는 선한 사마리아 사람 비유를 통해 사랑은 율법의 논리가 아니라 실천이라는 것을 가르치셨다(10:25-37).
- 무리들은 예수님께서 말 못하게 하는 귀신을 쫓아내신 권능에 대하여 바알세불을 힘입어 행하였다고 논쟁을 벌였지만, 예수님께서는 하나님의 권능을 통해 귀신을 쫓아내어서 하나님의 나라가 임했다고 선포하셨다(11:14-20).

공생애 기간 중 죽은자를 살리신 내용	
회당장 야이로의 딸	막 5:35-43
나인성 과부의 아들	눅 7:11-17
나사로	요 11:1-57

"내가 또 너희에게 이르노니 구하라 그러면 너희에게 주실 것이요 찾으라 그러면 찾아낼 것이요 문을 두드리라 그러면 너희에게 열릴 것이니" (눅 11:9)

누가복음에만 기록된 예수님의 이적들	
1	베드로가 많은 고기를 잡게 하심(5:5-6)
2	나인 성 과부의 죽은 아들을 살리심(7:11-15)
3	18년 동안 귀신들려 등 굽은 여인을 고치심(13:10-17)
4	수종병 든 한 사람을 고치심(14:2-4)
5	나병환자 열 명을 고치심(17:11-19)

③ 제자도와 교훈들(12:1-18:30)

- 예수님께서는 수많은 무리들에게 제자가 되는 길에 대하여 두 가지를 말씀하셨다. 첫째, 자기 가족들과 자기 목숨까지 미워해야 한다(14:26). 둘째, 자기 십자가를 지고 예수님을 따라야 한다(14:27).
- 예수님의 제자가 된다는 것은 엄청난 희생과 헌신을 요구한다. 진리를 위해서 자신의 혈육과 소유, 나아가 생명까지도 부인할 수 있을 때 진정한 제자의 길을 걸어갈 수 있다.
- 예수님께서는 바리새인의 외식(12:1)과 탐심(12:13-21)에 대해 설명하시면서 소유권에 대한 재인식의 필요성을 강조하셨고 "그의 나라를 구하라"는 권면으로 말씀을 맺으셨다(12:31).
- 잃은 양의 비유(15:4-7), 잃은 드라크마(15:8-10), 탕자의 비유(15:11-32), 부자와 나사로(16:19-31), 용서와 믿음과 순종(17:1-10), 불의한 재판장과 과부(18:1-8)에 대한 비유들은 잃어버린 자와 소외된 자들에 대한 하나님의 사랑과 그들의 회개와 기도를 하나님께서 기뻐하신다는 교훈을 가르쳐주고 있다.

드라크마(눅 15:8)
헬라의 화폐단위로 로마의 데나리온과 동일한 가치

④ 고난 예고(18:31-34)

- 예수님께서는 하나님의 뜻을 이루기 위해 당신이 걸어가실 길을 고난 예고를 통해 밝히셨다.

- 이는 제자들에게 장차 겪을 고난을 준비하게 하고, 아울러 예수 그리스도께서 죽음을 이기는 궁극적인 승리를 비전으로 제시하여 제자들의 믿음을 굳게 하시기 위함이다.

2. 인자로 오신 예수의 고난과 부활(19:28-24:53)

(1) 예수의 고난 주간 I (19:28-22:46)

① 주일(예루살렘 입성, 19:28-44)

- 종려주일에 예수님께서는 나귀를 타고 예루살렘에 입성하셨다. 이는 어린 나귀를 타고 오리라고 예언한 스가랴의 예언이 성취된 것이다(슥 9:9).
- 예루살렘 입성은 공생애의 마무리를 위한 십자가 고난의 시작점이다.

② 월요일(성전 정화, 19:45-48)

- 유대인들은 예루살렘의 종말이 가까워왔음에도 불구하고 때가 임박함을 깨닫지 못하고 육신의 정욕과 인간의 욕심에 이끌려 성전을 더럽혔다.
- 주님께서는 이 어리석음에 대해 분노하셨고, 그들을 성전에서 내쫓으시며 "내 집은 기도하는 집이 되리라 하였거늘 너희는 강도의 소굴을 만들었도다"라고 꾸짖으

성경에 예수님께서 우신 내용	
예루살렘 멸망	눅 19:41
십자가의 고난	히 5:7
나사로의 죽음	요 11:35

셨다(19:46).

③ **화요일(마지막 사역, 20:1-22:6)**

사두개인(눅 20:27)
유대 3대 종파의 하나로 로마 정치와 결탁한 현실주의자들을 말함. 제사장 계급이 이에 속하는데, 이들은 모세오경만 내세워 부활을 믿지 않았다.

- 예수님께서는 서기관, 대제사장, 장로들이 권위에 대한 도전을 해왔을 때 비유를 통해 자신이 포도원 주인의 친 아들이고, 선지자들은 종이며, 서기관과 바리새인과 장로들은 농부임을 말씀하심으로 자신의 권세가 하늘로서 온 것임을 말씀하셨다(20:1-18).
- 부활이 없다고 주장하는 사두개인에게 부활을 확인시켜 주시면서 예수님께서는 하나님은 사두개인들이 말하는 죽은 자의 하나님이 아니라, 살아있는 자의 하나님이심을 말씀하셨다.

"너희는 스스로 조심하라 그렇지 않으면 방탕함과 술취함과 생활의 염려로 마음이 둔하여지고 뜻밖에 그 날이 덫과 같이 너희에게 임하리라" (눅 21:34)

- 가난한 과부의 헌금을 통해 주님의 계산법은 금액의 많고 적음에 있는 것이 아니라, 마음 중심에 있다는 교훈을 주셨다.
- 예수님께서는 말세의 징조와 결과에 대해서 말씀하시면서 성도는 말세에 항상 기도하며 깨어 있어야 한다는 것을 가르치셨다(21:36).

〈지역별 화폐 단위와 가치〉

지 역	단 위	가 치
유대	세겔(은)	4일 품삯
	므나	달란트의 1/60
	달란트	6,000데나리온

지 역	단 위	가 치
로마	고드란트	앗사리온의 1/4
	앗사리온	데나리온의 1/16
	데나리온	하루 품삯
헬라	렙돈	고드란트의 1/2
	드라크마	하루 품삯

④ **목요일**(최후의 만찬, 22:1-38)

- 예수님의 고난을 위한 준비는 유다의 반역(22:1-6)과 최후의 만찬(22:19-20)으로 이루어졌다. 오늘날에도 성만찬은 예수 그리스도의 살과 피를 나눔으로써 그리스도와 연합하고, 성도들 간에 떡을 떼는 교제를 통해 서로 하나가 된다는 데에 큰 의미를 가진다.
- 예수님께서는 만찬을 마치시고 감람 산에 올라가 땀방울이 핏방울이 되도록 기도하셨다. 예수님의 기도는 자기의 의지를 철저히 배제하고 아버지의 뜻을 이루기 위한 기도이다(22:42).

데나리온(눅 20:24)
예수님 당시의 로마 황제인 가이사 디베료(주후 14-37년)의 두상이 새겨진 로마의 은화

렙돈(눅 21:2)
예수님 당시 유대인 사회에서 통요되던 가장 작은 단위의 동전

(2) 예수의 고난 주간 II (22:47-23:56)

① **금요일**(십자가 고난, 22:47-23:49)

- 유다는 입맞춤으로 예수님을 팔았다(22:48). 베드로도 예수님을 부인하였다(22:54-62). 산헤드린 공의회는 그를 메시야로 인정하지 않았다. 빌라도는 예수님의 죄 없음

"이르시되 아버지여 만일 아버지의 뜻이거든 이 잔을 내게서 옮기시옵소서 그러나 내 원대로 마시옵고 아버지의 원대로 되기를 원하나이다 하시니" (눅 22:42)

을 알았으나, 민중을 두려워함으로 예수님을 십자가에 내어 주었다(23:23). 결국 예수님께서는 십자가에 달리셨다.

- 십자가는 신구약 성경의 핵심이요, 인류 역사의 분수령이다. 예수님의 용서와 희생이 가득한 보혈(23:45)이 십자가로부터 흘러나오고 있다(23:34,45).

② **토요일(무덤에 계심, 23:50-56)**

- 예수님의 장사는 예수님의 제자들에 의해 치러져야 마땅하였지만, 그들의 모습은 보이지 않았고, 공의회 의원인 아리마대 요셉에 의해 치러졌다. 그는 자신의 신분과 명예에 심각한 위협을 무릅쓰고 예수님의 장사를 치른다. 예수님께서는 지금도 우리에게 질문을 던지고 계신다. "거기 너 있었는가? 그때에".

십자가상의 두 강도
(눅 23:39-43)

	한 강도	다른 강도
태도	비방하며 조롱함(39절)	예수의 무죄를 인정(41절)
회개	죄를 회개 안함(39절)	자신의 죄를 참회함(41절)
요구	현세의 구원을 구함(39절)	내세의 구원을 구함(42절)
결과	영원한 죽음에 이름	그리스도와 낙원에 거함

(3) 예수의 부활과 승천(24:1-53)

① **부활(24:1-43)**

- 예수님께서는 이미 예언하셨던 것처럼 사망 권세를 이기시고 부활하셨다. 본서에서는 부활하신 예수님을 직접 만났던 많은 사람들의 체험을 기록하고 있다.
- 안식 후 첫날 새벽에 무덤으로 간 여인들은 두 천사를 통하여 예수님의 부활을 알았고(24:4-6), 엠마오로 가던 제자들도 부활하신 예수님을 직접 만났다(24:31). 그들

엠마오 길에서 제자들에게 나타나신 예수님

엠마오(눅 24:13)
예루살렘 서북쪽 12㎞ 정도에 있는 클로니에로 추정됨

은 예수님의 죽음으로 상심하여 있었지만, 부활을 목격 한 후에는 새로운 믿음과 소망을 갖게 되었다.

② **지상 명령**(24:44-49)

- 부활의 예수님께서는 제자들에게 나타나셔서 복음의 증인됨을 선포하셨다(24:46-48). 예수님의 사역은 증인된 제자들에 의해 새롭게 시작되었고, 이 새로운 시작은 사도행전으로 이어져 내려간다.

③ **승천**(24:50-53)

- 예수님께서는 제자들에게 아버지께서 약속하신 것이 임할 때까지 예루살렘에 머물러 있을 것을 말씀하시고 승천하셨다.
- '아버지께서 약속하신 것' 은 성령 침례이며, 제자들은 부활의 예수님을 통해 얻은 새로운 믿음과 소망을 가지고 늘 성전에서 하나님을 찬송하였다(24:53).

"내 손과 발을 보고 나인 줄 알라 또 나를 만져 보라 영은 살과 뼈가 없으되 너희 보는 바와 같이 나는 있느니라"(눅 24:39)

누가복음에 나타난 성령의 사역

성령의 사역은 사도행전에 두드러지게 나타나지만, 본서 역시 예수의 공생애 기간 동안 성령의 사역을 부각함으로써 사도행전을 준비하고 있다.
침례 요한과 그의 부모는 성령으로 충만하고(1:15,41,67), 시므온은 성령의 사람으로 묘사된다(2:25-27). 하지만 더욱 특별한 것은, 예수님께서 성령의 사람이시라는 것이다. 그는 성령으로 잉태되고(1:35), 성령의 권능을 입고(3:22; 4:1,14,18), 성령으로 많은 무리들에게 침례를 주는 자로 그려진다(3:16). 그는 아버지께서 성령을 주실 것이라고 가르치고(11:13), 성령을 모독하는 죄를 경고하며(12:10), 성령께서 제자들을 가르칠 것이라고 약속하고(12:12), 부활한 후에 성령께서 오셔서 능력으로 제자들을 입힐 것이라고 약속한다(24:49).

누가복음의 적용과 실천

세상과 구분되는 예수 그리스도의 길을 택한 성도의 생활은 어떠해야 합니까(18:35-43)?

십자가를 지신 예수님께서 마지막 순간까지 보여주신 사랑은 어떠한 것입니까(23:28-38)?

의사 누가는 인자(人子)되신 하나님의 아들로서뿐 아니라 온전한 인간으로서의 예수님의 생애에 얽힌 일화(episodes)들을 생생하게 기록하였습니다. 바리새인과 세리가 기도하는 이야기, 부자와 나사로의 이야기, 불의한 재판장과 포기하지 않는 과부 이야기, 어리석은 부자 이야기 등 많은 비유를 통해 하나님의 변함없는 사랑을 전하고 있습니다.

누가복음(1~24장) 읽기

주일	월	화	수	목	금	토
1:1-4:13	4:14-9:50	9:51-11:54	12:1-19:27	19:28-22:46	22:47-23:56	24:1-53

요한복음

"영접하는 자 곧 그 이름을 믿는 자들에게는 하나님의 자녀가 되는 권세를 주셨으니" (요 1:12)

기록목적 요한복음은 20장 31절에서 그 기록 목적을 분명히 밝히고 있다. "오직 이것을 기록함은 너희로 예수께서 하나님의 아들 그리스도이심을 믿게 하려 함이요, 또 너희로 믿고 그 이름을 힘입어 생명을 얻게 하려 함이니라." 이 구절에 본서를 이해하는 세가지 핵심 단어가 들어있다. 그것은 '표적, 믿음, 그리고 생명' 이다.

저　　자 요한

특　　징
- 예수의 하나님의 아들 되심에 대한 신학적 변증과 해석을 목적으로 하고 있다. 또한 성령에 대한 주님의 가르침을 많이 인용하고 있다.
- 공관복음서에 기록되지 않은 사건들이 많이 기록되어 있다.
- "나는 …이다" 라는 신현현의 문구는 예수님의 신성을 나타내고 있다.
- '하나됨' 과 '사랑' 이라는 주제가 매우 강조되고 있다.

내·용·분·해

대분류	소분류	주요 내용
1. 예수의 때가 이르기 이전 (1:1–12:50)	(1) 하나님의 아들의 성육신 (1:1–1:51)	① 하나님이신 예수님 ② 예수님에 대한 증언들
	(2) 예수의 7대 표적 (2:1–12:50)	① 가나의 혼인잔치 ② 왕의 신하의 아들을 고치심 ③ 38년 된 병자를 고치심 ④ 오병이어로 오천 명을 먹이심 ⑤ 바다 위를 걸으심 ⑥ 날 때부터 맹인 고치심 ⑦ 죽은 나사로를 살리심
	(3) 예수의 7대 선언 (6:1–12:50; 13:1–15:27)	① 생명의 떡 ② 세상의 빛 ③ 양의 문 ④ 선한 목자 ⑤ 부활과 생명 ⑥ 길, 진리, 생명 ⑦ 참 포도나무
2. 예수의 때가 이른 이후 (13:1–21:25)	(1) 예수의 고별 설교와 기도(13:1–17:26)	① 유월절 만찬 ② 예수의 고별 설교 ③ 예수의 고별 기도
	(2) 예수의 십자가 죽음과 부활(18:1–21:25)	① 수난과 죽으심 ② 부활 ③ 교회의 사명

내·용·연·구

1. 예수의 때가 이르기 이전(1:1-12:50)

"하나님이 세상을 이처럼 사랑하사 독생자를 주셨으니 이는 그를 믿는 자마다 멸망하지 않고 영생을 얻게 하려 하심이라" (요 3:16)

(1) 하나님 아들의 성육신(1:1-51)

① 하나님이신 예수님(1:1-18)

- 요한복음은 예수님께서 태초부터 계셨던 하나님이심을 선포함으로 시작된다(1:1). 태초부터 계셨던 하나님의 영원한 말씀이 육신이 되어 이 세상에 오셨으니, 그 분이 곧 예수님이시다(1:14).
- 예수님께서 오셨을 때 사람들의 반응은 두 가지였다. 세상은 그를 알지 못하였고 영접하지 아니하였다(1:10-11). 그러나 영접하는 자 곧 그 이름을 믿는 자들에게는 하나님의 자녀가 되는 권세를 주셨으니, 이들이 바로 하나님께로부터 난 자들이다(1:12-13).

② 예수님에 대한 증언들(1:19-51)

- 침례 요한의 증언에 의하면, 예수님께서는 '세상 죄를 지고 가는 하나님의 어린 양' 이시며(1:29), '성령으로 침례를 베푸시는 분' 으로서(1:33) 그가 바로 하나님의 아들이시다(1:34).
- 안드레는 예수님이 기다리던 메시야, 곧 그리스도이심을 증언한다(1:41).

나다나엘(요 1:45)
'하나님의 선물' 이란 뜻. 갈릴리 가나 출신으로 예수의 12제자 중 한사람. 바돌로매와 동일시 됨

유대인의 결례(요 2:6)
유대인들의 의식으로 식사전 후에 손을 씻는 정결예식

- 나다나엘은 예수님을 '하나님의 아들, 이스라엘의 임금' 으로 고백한다(1:49).

(2) 예수의 7대 표적(2:1-12:50)

① 가나의 혼인잔치(2:1-12)

- 예수님은 갈릴리 가나의 혼례에서 물을 포도주로 바꾸신다. 유대인의 결례를 위한 물(2:6)이 지금까지 제공되었던 그 어떤 것보다 더 훌륭한 포도주로 대치된다(2:9). 예수님의 영광을 나타내기 위한 첫 번째 표적이며, 이를 통해 제자들이 믿게 된다(2:11).
- 이 표적은 '하나님 나라의 새 포도주' 가 '물로 씻는 옛 정결의식' 을 대체함을 보여준다. 이는 예수님에 의해 열리는 새로운 구원의 질서가 지금까지 있었던 것을 능가함을 나타낸다.

니고데모와의 대화(요 3:1-21)

유대인의 관원인 니고데모가 표적을 보고 밤에 예수님을 찾아온다(3:1-2). 그러나 표적 자체에 대한 믿음만으로는 영생을 얻을 수 없다. 영생은 표적이 아니라 표적을 행하시는 예수님을 믿을 때 주어지는 것이다. 예수님께서는 니고데모와의 대화를 통해 '물과 성령으로 거듭나지 않으면 하나님 나라에 들어갈 수 없다' 는 진리를 말씀해 주신다(3:5). 하나님 나라에 들어가는 것, 곧 영생은 오직 '하나님의 아들이신 예수님' 을 믿을 때에만 주어진다(3:15-16).

② 왕의 신하의 아들을 고치심(4:43-54)

- 예수님께서는 두 번째 표적으로 왕의 신하의 아들을 고치신다(4:54). 왕의 신하 역시 표적을 보고 찾아온 사람이다(4:48). 그러나 그는 예수님의 말씀에 '믿음' 으로 반응한다(4:50).
- 예수님의 말씀으로 그의 아들은 치료함을 받고 그와 온 집안이 다 예수님을 믿고 영생을 얻게 된다(4:51-53). 이 표적은 공간을 초월하여 치유의 능력을 보이시는 예수님을 보여준다.

사마리아 여인과의 대화(요 4:1-42)

예수님께서는 한낮에 물을 길으러 온 사마리아 여인을 만나신다. 그 여인과의 대화를 통해 예수님께서는 자신이 바로 생명의 근원이심을 말씀하신다(4:14). 사마리아 여인이 참된 예배의 장소에 대해 묻자, 장소가 중요한 것이 아니라 '영과 진리로 드리는 예배' 가 참된 예배임을 말씀해주신다(4:23). 아울러 자신이 바로 기다리던 메시야 곧 그리스도이심을 밝히 말씀하신다(4:26). 이제 예수님의 오심으로 말미암아 예루살렘의 예배는 영과 진리로 드리는 예배로 대체된다.

③ 38년 된 병자를 고치심(5:1-47)

- 예수님께서는 베데스다 연못가에 있던 38년 된 병자를 그의 '말씀' 으로 고쳐주신다(5:8). 이것은 예수님께서 바로 치유의 원인이요 능력의 근원이심을 말해 준다.
- 유대인들은 그 날이 안식일이라는 이유로 예수님을 박

요한복음에 나타난
예수 그리스도의 예표자 모세

모세	예수그리스도
율법의 수여자	율법의 성취자 (요 1:17)
광야에서 뱀을 듦	십자가에 달려 들리심(요 3:14)
하늘에서 내린 떡으로 백성을 먹임	영생을 주는 산 떡이 되심 (요 6:31-32)
이스라엘 백성의 목자	구원으로 인도하는 선한 목자 되심(요 10장)
죽음을 앞두고 고별설교함 (신 32-33장)	십자가 수난 전에 고별 설교함(요 13-17장)

해하기 시작했고, 예수님께서 안식일을 범할 뿐만 아니라 자기를 하나님과 동등으로 삼는다 하여 더욱 예수님을 죽이고자 한다(5:16-18). 이에 예수님께서는 하나님께서 자신에게 심판하는 권세를 주셨다는 것(5:19-29)과 또 자신의 증거가 참된 이유를 설명하신다(5:30-47).

④ 오병이어로 오천 명을 먹이심(6:1-15)

- 광야에서 하나님께서 그의 백성들에게 만나를 먹이신 것처럼(6:32), 출애굽 구원을 기념하는 유월절이 가까웠을 때(6:4), 예수님께서는 오병이어의 표적을 행하신다.

⑤ 바다 위를 걸으심(6:16-21)

- 예수님께서 바다 위를 걸으시는 표적 역시 출애굽 사건과 관련이 있는데, 이것은 출애굽 당시 바다를 육지와 같이 걸어서 건넌 것을 연상케 한다.
- 구약 성경에 의하면, '바다 위로 걷는 것' 은 오직 하나님만이 하실 수 있는 일이다(욥 9:8; 사 43:16). 예수님께서는 이 표적을 통해 그가 하나님의 능력을 지닌 하나님의 아들이심을 보이신다.

⑥ 날 때부터 맹인된 자를 고치심(9:1-41)

- 예수님께서는 날 때부터 앞을 보지 못한 자를 치료하기 위해 실로암('보냄을 받았다' 라는 뜻) 못으로 보내시는데(9:7), 이는 '하나님으로부터 보냄을 받은 자' 이신 예수님이야말로 진정한 실로암이 되신다는 것을 암시한다.

그러므로 이 표적은 어두움 속에 있는 인류에게 생명의 빛 되신 예수님을 보여준다.

- 그는 예수님을 '하나님께로부터 오신 분' (9:33), '그리스도' (9:22, 38)로 부르며 '믿음' 을 담대히 고백하고 이로써 '생명' 을 얻는다(9:38). 그러나 빛이신 예수님을 믿지 않는 바리새인들은 영적 맹인으로서, 그들은 죄로 인한 심판을 피할 수 없다(9:40-41).

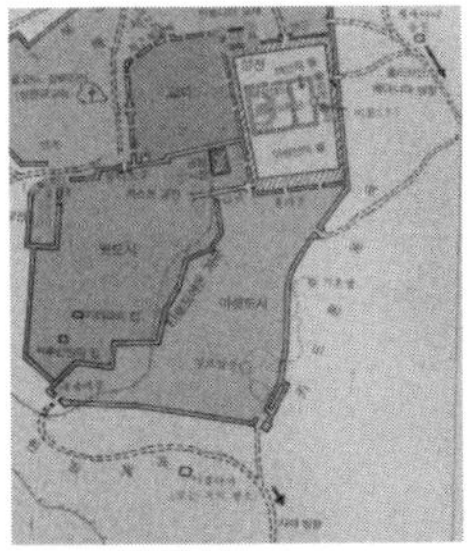

(오른쪽 아래를 기혼샘에서 '실로암' 까지 이르는 터널이 실선으로 표시되어 있음)

⑦ 죽은 나사로를 살리심(11:1-57)

- 예수님께서는 죽은 지 나흘이 지난 나사로를 살리심으로, 자신이 '부활이요 생명' 이심을 보여주신다.
- 이 사건으로 인하여 유대인들은 예수님을 죽이기로 작정한다.

(3) 예수의 7대 선언(6:1-12:50; 13:1-15:27)

① 생명의 떡(6:35)

- 예수님께서는 오병이어의 표적을 통하여 자신이 누구신가를 나타내신다. 즉 예수님께서는 하늘에서 내려온 '생명의 떡' 으로서 인류에게 생명을 주시는 분이시다.
- 모세가 준 만나는 먹어도 죽었지만(6:49), 예수님의 살과 피를 먹는 자는 '영생' 을 얻는다(6:50-51).

"너희가 내 말에 거하면 참으로 내 제자가 되고 진리를 알지니 진리가 너희를 자유롭게 하리라" (요 8:31-32)

② 세상의 빛(8:12)

- 초막절 절기 중 아침에 시행되는 헌수(獻水) 예식과 관련

하여 자신을 '생수의 근원' 으로 밝히시는 것에 이어, 예수님께서는 저녁 시간에 거행되는 빛의 예식(광야 생활을 이끌었던 불기둥을 재현)과 관련하여 자신을 '세상의 빛' 으로 선언하신다. 예수님께서는 단지 유대인들만의 빛이 아니라 온 세상을 밝히는 세상의 빛이시다. 그러므로 그를 따르는 자는 누구든지 생명의 빛을 얻게된다.

③ 양의 문(10:7)

- 예수님께서는 오직 자신만이 '양의 문' 이 되심을 말씀하신다(10:7). 그러므로 양의 문이신 예수님으로 말미암아 들어갈 때에만 구원을 얻을 수 있다(10:9).

④ 선한 목자(10:11)

- 예수님께서는 자신을 가리켜 양들을 위해 목숨을 버리는 '선한 목자' 라고 말씀하신다(10:11). 선한 목자 되신 예수님께서는 자신의 음성을 듣고 따르는 양들을 위하여 목숨을 버림으로써(10:11,15) 그들에게 '영생' 을 주신다(10:27-28).

⑤ 부활과 생명(11:25)

- 예수님께서 부활이요 생명이기 때문에 그를 믿는 자는 죽어도 살 것이요, 또한 살아서 믿는 자는 영원히 죽지 않는다(11:25-26).

선한 목자(요 10장)

- 양 우리의 문으로 들어감(1절)
- 양들이 그의 목소리를 알아들음(4절)
- 양들이 그를 따름(4절)
- 양으로 생명을 얻게 하고 너 풍성히 얻게 함(10절)
- 양을 위해 목숨까지 버림(11절)

솔로몬 행각(요 10:23)
예루살렘 성전 동편 벽을 따라 세운 지붕이 있는 복도

"예수께서 이르시되 나는 부활이요 생명이니 나를 믿는 자는 죽어도 살겠고 무릇 살아서 나를 믿는 자는 영원히 죽지 아니하리니"(요 11:25-26)

죽음을 향해 나아가시는 예수님(12장)

유월절 엿새 전, 예수님께서는 나사로의 죽음과 부활이 실현된 장소인 베다니를 방문하신다. 이곳에서 마리아의 향유 사건을 통해 자신의 죽음을 예언하신다(12:7). 이튿날, 예수님께서는 큰 무리의 환호 속에 어린 나귀를 타고 예루살렘에 입성하신다(12:12-19). 예수님께서는 한 알의 밀알의 비유와 인자의 들림에 관한 말씀을 통해 자신이 어떠한 죽음으로 죽을 것인지를 보이신다. 그것은 바로 십자가의 죽음이다(12:32-33). 그러나 예수님의 십자가 죽음은 패배가 아니라 영광을 받으시는 사건이다.

⑥ 길, 진리, 생명(14:6)

- 예수님의 떠나심은 하나님 아버지의 집에 그들을 위한 거처를 예비하기 위함이며(14:1-3), 거처를 예비하시면 다시 오셔서 그들을 예수님 있는 곳에 함께 있게 하실 것이기 때문이다(14:3). 또한 예수님 자신이 하나님께로 가는 길이 되어 주신다(14:6).

⑦ 참 포도나무(15:1)

- 예수님께서는 포도나무와 가지 비유를 통해 제자들이 예수님 안에 거해야 할 것을 말씀하신다(15:4-5). 예수님 안에 거한다는 것은 "내가 너희를 사랑한 것 같이 너희도 서로 사랑하라"는 예수님의 계명을 지키는것이다(15:10-12). 그러므로 우리가 맺어야 할 열매는 '서로 사랑하는 것'이다(15:17).

"내가 진실로 진실로 너희에게 이르노니 한 알의 밀이 땅에 떨어져 죽지 아니하면 한 알 그대로 있고 죽으면 많은 열매를 맺느니라"(요 13:34)

2. 예수의 때가 이른 이후(13:1-21:25)

(1) 예수의 고별 설교와 기도(13:1-17:26)

① 유월절 만찬

- 예수님께서는 아버지께로 돌아갈 때가 되었다는 것을 아시고 자기 사람들을 사랑하시되 끝까지 사랑하셨다(13:1). 여기서의 '때'는 그의 죽음을 의미하는 것으로 고난의 때가 아니라 영광의 순간이다(13:31-32).
- 자신의 죽음을 눈앞에 두고 예수님께서는 제자들의 발을 씻겨 주시고(13:14-15), '서로 사랑하라'는 새 계명을 주신다(13:34). 이는 낮아지신 주님을 본받아 서로를 섬겨야 함을 보여주는 주님의 가르침이기도 하다.

② 예수의 고별 설교

- 예수님께서는 제자들이 실족하지 않도록 세상이 제자들을 핍박할 것에 대해 미리 말씀하신다(15:18-16:4).
- 예수님께서는 자신이 아버지께로 가시면 보혜사 성령을 보내 주실 것을 말씀하신다(16:7). 보혜사 성령이 오시면 죄에 대하여, 의에 대하여, 심판에 대하여 세상을 책망하실 것이다(16:8-11). 또한 성령은 성도들을 모든 진리 가운데로 인도하실 것이며, 오직 들은 것을 말하고 장래 일을 알리신다(16:13).

"평안을 너희에게 끼치노니 곧 나의 평안을 너희에게 주노라 내가 너희에게 주는 것은 세상이 주는 것과 같지 아니하니라 너희는 마음에 근심하지도 말고 두려워하지도 말라"(요 14:27)

보혜사(요 14:16)
'곁에서 돕기 위해 부름 받은 자'라는 뜻

③ 예수의 고별 기도

- 예수님 자신을 위한 기도(17:1-8): 아버지께서 아들에게 명하신 일을 이루었기 때문에 이제 창세전에 아버지와 함께 누렸던 영광으로써 아들을 영화롭게 하시기를 간구하신다.
- 제자들을 위한 기도(17:9-19): 첫 번째는 '악에 빠지지 않도록 보전하여 주소서' 라는 기도이며, 두 번째는 '하나님의 말씀인 진리로 그들을 거룩하게 하소서' 라는 기도이다.
- 모든 믿는 자를 위한 기도(17:20-26): 예수님께서는 모든 믿는 자들의 하나됨과 모든 믿는 자들의 온전함을 위해 기도하신다.

(2) 예수의 십자가 죽음과 부활(18:1-21:25)

① 수난과 죽으심(18:1-19:42)

- 체포당하심(18:1-11): 예수님께서는 자신의 죽음을 향해 적극적으로 나아가신다. "내가 그니라" 하시며 그들이 찾는 자가 자신임을 당당히 말씀하실 때, 그들은 물러가서 땅에 엎드러진다(18:6).
- 심문 당하심(18:12-19:15): 예수님께서는 안나스, 가야바, 빌라도 앞에서 세 번 심문을 받으신다.
- 죽으심(19:16-42): 예수님의 죽으심은 구약 예언의 성취

십자가상의 칠언(七言)	
1	아버지여 저희를 사하여 주옵소서 자기의 하는 것을 알지 못함이니이다(눅 23:34)
2	내가 진실로 네게 이르노니 오늘 네가 나와 함께 낙원에 있으리라 (눅 23:43)
3	여자여 보소서 아들이니이다 보라 네 어머니라(요 19:26-27)
4	나의 하나님, 나의 하나님, 어찌하여 나를 버리셨나이까(마 27:46)
5	내가 목마르다(요 19:28)
6	다 이루었다(요 19:30)
7	아버지여 내 영혼을 아버지 손에 부탁하나이다(눅 23:46)

임을 보여준다(출 12:14; 민 9:12; 시 22:15,18; 34:20; 슥 12:10).

② **부활**(20:1-23)

- 예수님의 죽음 이후, 제자들이 두려워하고 있을 때 부활하신 예수님께서 그들을 찾아오신다. 부활하신 예수님께서는 "아버지께서 나를 보내신 것 같이 나도 너희를 보내노라"는 말씀으로 사명을 주시고, 제자들을 향하여 "성령을 받으라"고 말씀하신다(20:21-22).
- 부활하신 예수님의 옆구리에 난 못자국을 직접 만져본 도마는 예수님을 향해 "나의 주님이시요, 나의 하나님"이라고 고백한다(20:28). 이것은 본서 전체의 기록 목적을 나타내는 매우 중요한 의미를 갖는 고백이다. 즉 요한복음은 '예수 그리스도께서 하나님이심'을 선포함으로 시작되고 '나의 하나님'이라는 도마의 신앙 고백으로 끝난다. 요한복음을 기록한 것은 예수께서 하나님의 아들이심을 믿게 하고 생명을 얻게 하려 함이다(20:31).

③ **교회의 사명**(21:1-25)

- 디베랴 호수에서 제자들에게 나타나신 예수님께서는 베드로에게 "내 양을 먹이라"고 말씀하신다(21:15-17). 이는 주님의 제자로 부르심을 받은 모든 교회에게 주시는 사명의 말씀이다.
- 본서는 부활하신 주님께서 나타나셨고 제자들이 그의 부활을 믿었다는 이야기로 끝나지 않는다. 오히려 주님

디베랴 호수(요 21:1)
갈릴리 바다를 달리 이르는 말

께서 제자들에게 주신 위대한 선교 명령으로 끝을 맺고 있다.

"요한의 아들 시몬아 네가 이 사람들보다 나를 더 사랑하느냐 하시니 가로되 주여 그러하외다 내가 주를 사랑하는 줄 주께서 아시나이다 가라사대 내 어린 양을 먹이라 하시고"(요 21:15)

요한복음의 적용과 실천

어떻게 하면 예수 그리스도의 부활 생명 안에서 우리의 영성이 더 깊어질 수 있습니까(11:41-42)?

하나님께서는 어떠한 훈련을 통해서 우리가 보다 겸손하고 정결한 삶을 살아가도록 하십니까(13:1-17)?

기독교의 핵심은 하나님의 아들 예수 그리스도를 믿는 자마다 멸망하지 않고 영생을 얻게 되는 것입니다. "예수께서 제자들 앞에서 이 책에 기록되지 아니한 다른 표적도 많이 행하셨으나 오직 이것을 기록함은 너희로 예수께서 하나님의 아들 그리스도이심을 믿게 하려 함이요 또 너희로 믿고 그 이름을 힘입어 생명을 얻게 하려 함이니라"(20:30).

요한복음(1~21장) 읽기

주일	월	화	수	목	금	토
1:1-3:36	4:1-6:71	7:1-10:21	10:22-14:31	15:1-17:26	18:1-19:42	20:1-21:25

사도행전

"오직 성령이 너희에게 임하시면 너희가 권능을 받고 예루살렘과 온 유대와 사마리아와 땅 끝까지 이르러 내 증인이 되리라 하시니라"(행 1:8)

기록목적 사도행전은 성령 강림으로 시작된 교회의 탄생과 복음이 교회를 통해 전파되는 과정을 통해서 성령의 인도하심을 받은 예수님의 제자들이 "예루살렘과 온 유대와 사마리아와 땅 끝까지"(1:8) 어떻게 복음을 전하였는가를 보여 주기 위해 기록되었다. 더불어 오직 성령 충만을 통해서만 예수 그리스도의 진정한 증인이 될 수 있음을 강조하고 있다.

저　　자 누가

특　　징
- 신약 성경 중 유일한 역사서로서 베드로와 바울을 중심으로 초대 교회의 역사를 보여 주고 있다.
- 교회 설립과 사도들의 복음 전파의 주체가 된 성령의 역사를 강조하고 있다.
- 헬라문화의 영향을 받고 있는 이방인들에게 기독교 복음의 변증서 역할을 하고 있다.

내·용·분·해

대분류	소분류	주요 내용
1. 예루살렘 에서의 복음 전파 (1:1–8:3)	(1) 성령 강림과 교회의 탄생(1:1–2:47)	① 승천과 오순절 성령 강림 ② 베드로의 설교 I ③ 교회의 활동
	(2) 예루살렘에서의 복음 전파(3:1–8:3)	① 베드로의 설교 II ② 초대 교회의 모습 ③ 박해당하는 교회 ④ 일곱 집사와 스데반의 순교
2. 온 유대와 사마리아 에서의 복음 전파 (8:4–12:25)	(1) 유대와 사마리아에서의 복음 전파(8:4–40)	① 빌립의 복음 전파 ② 성령의 역사
	(2) 사울의 회심과 베드로의 복음 전파 (9:1–12:25)	① 사울의 회심 ② 베드로의 복음 전파 ③ 수리아의 안디옥교회 ④ 헤롯의 박해
3. 땅 끝까지 이르는 복음 전파 (13:1–28:31)	(1) 바울의 1차 선교 여행 (13:1–14:28)	① 바울과 바나바 파송 ② 1차 선교 여행
	(2) 예루살렘 회의 (15:1–35)	① 예루살렘 회의의 목적 ② 예루살렘 회의의 결과
	(3) 바울의 2차 선교 여행 (15:36–18:22)	① 바울과 바나바의 결별 ② 2차 선교 여행
	(4) 바울의 3차 선교 여행 (18:23–21:16)	① 3차 선교 여행 ② 예루살렘 귀환
	(5) 바울의 로마 선교 여행(21:17–28:31)	① 예루살렘에서의 선교 보고 ② 바울의 체포 ③ 로마에서의 선교 여행

내·용·연·구

1. 예루살렘에서의 복음 전파(1:1-8:3)

(1) 성령 강림과 교회 탄생(1:1-2:47)

① 승천과 오순절 성령 강림(1:1-2:13)

- 예수님께서 제자들이 보는 가운데 승천하셨다는 것은 기독교가 역사적 종교라는 사실을 확증해 주며, 예수님께서는 하늘로 가심을 본 그대로 오실 것이다(1:11).
- 누가복음에서 '아버지께서 약속하신 것' (눅 24:49)을 기다리며 기도하던 제자들에게 오순절날 성령이 강림하셨다. 그리고 그들은 성령이 말하게 하심을 따라 방언으로 말하기 시작했다. 예수님의 부활 후 수확의 첫 열매인 성령을 교회의 선물로 주셨다.

예수님이 승천하시기 전 하신 말씀
- 예루살렘을 떠나지 말라
- 아버지께서 약속하신 것을 기다리라
- 땅 끝까지 이르러 증인이 되라

② 베드로의 설교 I (2:14-41)

- 예수님을 부인하였던 베드로는 성령의 감동을 받아 담대함으로 복음을 선포하였다.
- 베드로의 설교를 듣고 침례를 받아 구원받은 사람이 3천 명이나 되었다.

③ 교회의 활동(2:42-47)

- 초대 교회는 사도의 가르침을 받아 교제와 기도에 힘썼다(2:42).

- 믿는 사람들이 구제와 성전에 모이기에 힘썼고(2:43-46), 많은 사람이 구원받아 놀라운 부흥을 가져오게 되었다(2:47).

(2) 예루살렘에서의 복음 전파(3:1-8:3)

① 베드로의 설교 II(3:1-26)

- 베드로는 성전 미문에서 구걸하는, 40년 동안 못 걷게 된 이를 고쳐준 기적의 발생 원인이 생명의 주가 되신 예수 그리스도를 믿음으로 된 것이라고 말하고 회개를 선포하였다.
- 베드로의 설교를 듣고서 회개하고 예수님을 믿은 사람이, 남자의 수만 5천이 되었다.

② 초대 교회의 모습(4:1-5:11)

- 성령의 인도함을 받은 초대 교회는 서로 연합하였다.
- 믿는 이들이 한 마음 한 뜻이 되어 모든 물건을 서로 통용하고 자기의 것을 취하지 않는 이상적인 공동체를 형성하였다(4:32).

③ 박해당하는 교회(5:12-42)

- 성령의 역사로 사도들은 더욱 많은 표적과 기사를 일으켰으며, 예수를 믿는 자들이 큰 무리로 나타났다(5:12-14).
- 대제사장과 사두개인들은 자기들의 기득권이 위태해지자 사도들을 죽이려고 옥에 가두었지만, 예수님께서 사자를 보내어 그들의 결박을 풀어 주셨다(5:17-20).

제구시 기도 시간(행 3:1)
오후 3시를 가리킴. 이때는 유대인들의 전통적인 기도시간

미문(행 3:2)
이방인의 뜰과 여인의 들 사이에 동쪽 문으로 추정됨

베드로가 행한 이적
앉은뱅이를 일으킴(3:6-7)
그림자로 병자를 고침(5:15-16)
룻다에서 중풍병자를 고침(9:32-35)
욥바에서 도르가를 살림(9:36-42)

- 사도들은 핍박받는 것을 오히려 기뻐하며 매일 예수님이 그리스도라는 사실을 가르치는 것과 전도하는 것을 그치지 아니 하였다(5:42).

④ **일곱 집사와 스데반의 순교**(6:1-8:3)

- 초대 교회가 놀라운 기세로 성장하자 교회의 필요에 의해서 성령이 충만한 사람을 집사로 세워졌다(6:5).
- 일곱 집사는 사도들이 말씀과 기도에 전념할 수 있도록 구제와 성도들 간의 사사로운 문제를 지혜롭게 해결하는 사역을 하였다(6:3-4).
- 일곱 집사 중 스데반은 최초의 순교자였다. 그가 순교하게 된 결정적 이유는 유대인들을 향해 예언자를 살해하고, 메시야를 죽였으며, 하나님의 율법을 거슬린 사람들이라고 책망하였기 때문이다(7:51-54).
- 스데반의 순교를 통해 교회는 심한 박해를 받게 되었다(8:1-3).

초대 교회의 일곱집사(행6:1-7)
스데반, 빌립, 브로고로, 니가노르, 디몬, 바메나, 니골라

스데반
· 성령의 은혜와 권능이 충만한 자(6:5)
· 사람들로부터 칭찬 받은 자(6:3)
· 복음을 증거한 자(7장)

2. 온 유대와 사마리아에서의 복음 전파(8:4-12:25)

(1) 유대와 사마리아에서의 복음 전파(8:4-40)

① **빌립의 복음 전파**(8:4-25)

- 빌립이 사마리아에서 그리스도를 백성들에게 전파하

자, 수많은 기적과 하나님의 놀라운 치유와 능력이 나타났다(8:5-7).

- 소문을 들은 베드로와 요한이 사마리아로 내려와서 성령을 받은 사람이 없음을 보고 사마리아인들에게 안수하자 그들에게 성령이 임하였다(8:17).

② **성령의 역사(8:26-40)**

- 성령께서 진리를 사모하는 에디오피아 내시에게 빌립을 보내셨다(8:26-29).
- 에디오피아 내시는 빌립을 통하여 이사야 말씀과 예수 그리스도의 복음을 배워 깨닫게 되자 결신하게 되었고, 즉시로 물가에 내려가 침례를 받음으로 성도가 되었다(8:36).

성경을 읽을 때 올바른 자세

말씀을 가감하지 않음(신 4:2)
말씀을 즐거워하여 주야로 묵상(시 1:2)
간절한 마음으로 읽음 (시 119:9-10)
기도하는 마음으로 읽음 (시 11:9:48)
성령의 도우심을 간구 (고전 2:13)

(2) 사울의 회심과 베드로의 복음 전파(9:1-12:25)

① **사울의 회심(9:1-31)**

- 사울의 회심은 다메섹 도상에서 부활하신 예수님을 만난 사건으로 인한 것이다(9:4).
- 사울의 회심 사건은 한 사람의 구원이라는 범위를 넘어서서 예수 그리스도의 복음이 땅 끝까지 전파되게하고, 그의 서신서들을 통해 기독교 교리의 체계화를 이루게 한 사건이다.

다메섹(행 9:2)
수리아의 도시이며 주요 도시로 바벨론 지역에서 팔레스타인으로 들어오는 주요 관문 가운데 하나

② 베드로의 복음 전파(9:32-11:18)

- 룻다에서는 애니아를 중풍병에서 치료하여, 룻다와 사론에 사는 사람들을 모두 주께로 돌아오게 하였다 (9:32-35).
- 욥바에서는 병들어 죽은 여제자 도르가(다비다)를 살리므로, 욥바에 사는 많은 사람들이 예수를 믿게 되었다 (9:36-43).
- 가이사랴에서는 백부장 고넬료를 포함한 이방인들에게 복음을 선포하자, 복음을 들은 모든 사람들이 성령의 충만함을 받았다(10:44).

욥바(행 9:36)
예루살렘으로부터 북서쪽으로 약 50여 km 떨어진 곳에 위치한 항구도시

백부장 고넬료

- 백부장 고넬료는 오순절 성령 강림 사건 이후에 예수 그리스도의 복음을 받아들인 첫 이방인이었다.
- 이 사건의 중대성은 본서의 저자인 누가가 이 일을 세 번이나 거듭 언급하는 것에서 잘 나타난다(10장; 11장; 15:6-9).
- 본서에서 제시하는 복음의 지리적인 확장은, 마태복음 8장 11절에서 나 또 다른 백부장에게 예수님께서 말씀하신 "동서로부터 많은 사람이 이르러 아브라함과 이삭과 야곱과 함께 천국에 앉으려니와" 에 대한 최초의 성취이다.
- 이제 복음은 예루살렘과 온 유대와 사마리아의 경계를 넘어 땅 끝까지 전파되기 위한 시발점에 서게 된 것이다.

③ 수리아의 안디옥교회(11:19-30)

- 수리아의 안디옥교회는 바울의 이방인 선교의 중심지로서 예루살렘교회의 유대인과 이방인들 사이를 연결하는 완충적 역할을 하였다.
- 안디옥에서의 복음 전파는 사울의 박해에 의해서 예루살렘을 떠난 그리스도인과 구브로, 구레네에서 온 사람들에 의해서 확산되었다.
- 최초로 '그리스도인' 이라는 이름을 사용한 곳도 수리아의 안디옥교회였다.

④ **헤롯의 박해**(12:1-25)

- 예수님의 12제자 중 한 사람인 요한의 형제 야고보는 헤롯 아그립바 1세에 의한 최초의 희생자이며, 사도들 중 최초의 순교자가 되었다.
- 헤롯의 죽음으로 박해에서 자유로워진 교회는 겨울 뒤에 봄이 오듯이 하나님의 말씀이 흥왕하여 부흥하였다.

3. 땅 끝까지 이르는 복음 전파(13:1-28:31)

(1) 바울의 1차 선교 여행(13:1-14:28)

① **바울과 바나바 파송**(13:1-3)

- 안디옥교회의 선지자들과 교사들 중 성령의 감동으로 바울과 바나바가 구별되어 안수 받고 파송되었다(13:2-3).

구브로(행 11:20)
구약 시대에는 '깃딤' (민 24:24)이라 불리운 곳으로 지중해 동북부에 위치 하고 있는 섬으로 지중해 요충지이자 바나바의 고향이다(행 4:36).

구레네(행 11:20)
예수님의 십자가를 대신 지고 간 시몬의 출신지이다(눅 23:26).

분봉왕 헤롯
예수님 당시 인구를 조사하여 두 살 이하의 모든 사내아이를 죽인 헤롯 대왕의 손자 아그립바 1세(재위 기간: 주후 37-44년)를 말함

안디옥교회의 특징
그리스도의 복음에 기초한 교회(11:19-21)
하나님의 은혜 가운데 자라는 교회(11:23)
최초로 그리스도인이라 불린 교회(11:26)
구제하는 일에 힘쓰는 교회(11:29)
선교하는 교회(13:3)
성령의 충만함이 있는 교회(13:1-3)

• 바울과 바나바 두 명의 선교사 파송으로 이방 선교가 본격적으로 시작되었다.

② **1차 선교 여행**(13:4-14:28)

• 바나바의 고향인 구브로를 시작으로 1차 선교 여행이 시작되었고, 비시디아 안디옥에서는 바울의 공식적인 첫 설교를 듣기 위해 온 시민이 거의 다 회당으로 모이는 기적이 일어났다(13:44).

• 바울과 바나바는 루스드라에서는 나면서부터 걷지 못하는 사람을 치료하여 전능하신 하나님과 복음을 전하였다. 그는 선교지를 돌아 안디옥에 돌아옴으로 1차 선교 사역을 마치게 되었다(14:26).

〈바울의 1차 선교 여행 경로〉

(2) 예루살렘 회의(15:1-35)

① 예루살렘 회의의 목적(15:1-21)

- 예루살렘 회의의 목적은 이방인 신자에 관한 것이다. 새로 입교한 이방 신자들 가운데 할례 받지 아니한 경우 구원을 받을 수 없다는 유대인들의 주장 때문이다.
- 베드로는 구원은 오직 하나님의 은혜임을 선포했고(15:11), 야고보는 이방인의 구원이 이미 구약에 예언된 것임을 회중들에게 알림으로 결론을 유도했다(15:13-21).

야고보(행 15:3)
세베대의 아들 야고보(마 4:21)나 알패오의 아들 야고보(눅 6:15)가 아닌 예수님의 형제 야고보이다(마 13:55).

② 예루살렘 회의의 결과(15:22-35)

- 첫째, 우상의 제물을 먹지 말 것.
- 둘째, 목매어 죽인 것과 피를 먹지 말 것.
- 셋째, 음행을 멀리할 것.

(3) 바울의 2차 선교 여행(15:36-18:22)

① 바울와 바나바의 결별(15:36-16:5)

- 바울과 바나바는 새로운 선교를 계획하였으나 마가의 동행 문제로 심히 다투고 헤어지게 되었다.
- 바울은 실라와 수리아로, 바나바는 마가와 구브로로 선교를 떠났다(15:36-41).

② 2차 선교 여행(16:6-18:22)

- 예수의 영은 바울이 아시아와 비두니아에서 복음 전함을 허락하지 아니하시고 환상을 통해 마게도냐 지역에

바울이 전한 하나님
(행 17:24-31)
- 창조주 되신 하나님
(24-25절)
- 만유의 주재이신 하나님
(26-29절)
- 구세주이신 하나님(30절)
- 심판자이신 하나님(31절)

복음이 전해지길 원하셨다(16:6-10).

- 빌립보 사역 중에는 점치는 여종에게서 귀신을 쫓아낸 일로 투옥되었지만, 바울과 실라의 찬양으로 옥문이 열리는 기적이 나타났다(16:12-26).
- 바울은 지적 수준이 높은 데살로니가, 베뢰아, 아덴, 고린도 등을 다니며 매우 수준 높은 변론을 통해 설교를 했으나 실패하고, 복음의 단순한 신앙 진리 자체를 전하였다(17:1-18:22).

〈바울의 2차 선교 여행 경로〉

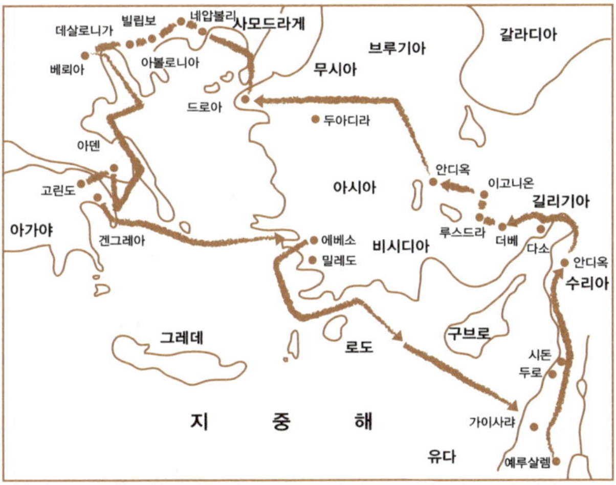

베뢰아 교회의 특징(행 17:10-14)
간절한 마음으로 말씀을 받음(11절)
날마다 말씀을 상고하며 즐거워함(11절)
말씀을 듣고 믿는 사람이 많음(12절)
신분과 상관없이 말씀에 순종함(12절)

아굴라와 브리스길라 (행 18:2)
두 사람은 부부로서 복음에 자비량 선교로 봉사한 아름다운 전도자

(4) 바울의 3차 선교 여행(18:23-21:16)

① 3차 선교 여행(18:23-20:38)

- 바울의 3차 선교는 대부분 에베소 선교였다. 에베소의 기독교인들은 성령이 계심도 듣지 못했으며, 침례 요한의 침례만 받았다고 대답하였다(19:3).
- 바울이 침례 요한과 그리스도를 가르치고 그들에게 안수하자, 성령이 임함으로 그들이 방언도 하고 예언도 하는 에베소의 오순절 역사가 일어나게 되었다(19:4-7).

〈사도행전의 성령 강림 사건〉

성 구	장 소	방 법	성령 강림 때의 현상
행 2:1–4	마가의 다락방	기도	· 불의 혀같이 갈라지는 성령이 임함 · 성령의 충만함을 받음 · 각기 다른 방언으로 말하기 시작함
행 4:31	예루살렘	기도	· 모인 곳이 진동, 성령 충만하여 전도함
행 8:17	사마리아	안수	· 성령이 임함
행 10:4	고넬료의 집	설교	· 말씀을 듣는 모든 사람에게 성령이 임함 · 오순절과 같은 성령이 임함
행 19:5–6	에베소	안수	· 성령이 임하시므로 방언과 예언

- 바울의 3년간의 에베소 선교 사역은 힘겨운 고통의 연속이었다(참고. 고후 1:8). 이러한 투쟁적인 에베소 선교를 마침으로 3차에 걸친 자유로운 선교 사역은 끝이 났다.
- 에베소가 복음으로 소동하자 바울은 에베소를 피해 마게도냐에 갔으며 2차 선교 사역을 통해 세워졌던 교회

를 돌아보고 제자들을 굳게 하였다(20:2).

• 에베소교회 장로들을 초청하여 밀레도에서 행한 설교는 바울 자신의 죽음을 예견한 설교로서 3년간이나 머물면서 사랑했던 에베소 성도들에게 그리스도인의 삶을 심어주기 위한 것이다(20:24).

② 예루살렘 귀환(21:1-16)

• 바울은 에베소를 떠나 지중해를 건너 가이사랴에 도착했고, 예언자 아가보가 나타나서 바울이 예루살렘에서 수난당할 것을 예고하여 준다(21:11).

• 바울은 앞으로 무슨 일이 일어날지 잘 알면서도 죽음을 각오하고 예루살렘에 귀환한다(21:12-15).

아가보(행 21:10-11)
천하가 크게 흉년 들 것을 예언했던 초대 교회 선지자로 바울의 예루살렘행을 만류하기 위해 상징적으로 예언

〈바울의 3차 선교 여행 경로〉

베드로	바울
1-12장	13-28장
예루살렘 교회	안디옥 교회
유대인 중심사역	이방인 중심사역

(5) 바울의 로마 선교 여행(21:17-28:31)

① 예루살렘에서의 선교 보고(21:17-26)

- 바울은 예루살렘에 도착하여 선교 보고를 하고 예루살렘 교인들에게 환영을 받았다(21:19-20).
- 일부 유대계 기독교인들이 바울이 모세의 율법과 할례를 거역하고 훼방하는 자라고 오해(21:21)하는 것과 관련하여 바울은 정결 예식을 행하였다(21:26).

② 바울의 체포(21:27-26:32)

- 유대인들은 바울이 이방인을 데리고 성전에 들어간 줄로 생각하고 바울을 죽이려고 체포하였다(21:29).
- 바울은 공회와 총독들과 아그립바 왕 앞에 서서 심문을 당하지만, 그들은 바울에게서 죄를 찾지 못하였다. 그러나 바울이 로마 시민이었고, 이미 가이사(로마 황제)에게 송사하여 놓았기 때문에 법적으로 로마에 가야만 했다(26:32).

③ 로마에서의 선교 여행(27:1-28:31)

- 하나님께서는 유라굴로 광풍을 통해 무리들이 바울을 신뢰하도록 만들었다. 항해를 함께하던 사람들은 광풍 속 14일간의 절망적인 상황에서 구원받았다.
- 바울은 로마에 도착하자 먼저 유대인중 지도자들을 초청하여 아침부터 저녁까지 강론하였는데, 그 주제는 모세의 율법과 선지자의 말에 기초한 하나님 나라였고(참

조. 마 4:17; 막 1:15), 그 내용은 예수님에 대한 것이었다(28:23).

- 바울은 2년 동안 로마에 있는 자기 셋집에 거하면서 그에게 찾아오는 사람들을 모두 영접하고 주 예수 그리스도에 관한 복음을 담대히 전파하였다(28:30-31).
- 본서의 마지막 부분은 바울을 통해 당시 세계의 중심지였던 로마에서 복음이 성공적으로 전파되기 시작했으며, 마침내 이 복음은 전 세계에 퍼져나가게 될 것이라는 예수 그리스도의 원대한 소망을 제시하고 있다.

〈바울의 로마 선교 여행 경로〉

사도행전의 적용과 실천

사도행전 1장 8절 말씀을 적고 외워봅시다(행1:8).

바울은 결박되어 매인 몸이 되었어도 계속 복음을 전파하였습니다. 우리는 주어진 환경이 매임가운데 있을때에도 하나님의 귀한 자녀가 되었음을 증거하고 있습니까(12:14)?

이방인의 사도로 쓰임 받았던 사도 바울은 성령충만한 믿음을 가지고 어떠한 환경 가운데에서도 복음을 전파하였습니다. 우리도 처음 복음을 전해 듣고 예수 그리스도의 나를 향하신 사랑에 감격한 그 기쁨과 뜨거운 사랑으로 땅 끝까지 복음을 전해야 합니다.

사도행전(1~28장) 읽기

주일	월	화	수	목	금	토
1:1-2:47	3:1-8:3	8:4-12:25	13:1-15:35	15:36-18:22	18:23-21:16	21:17-28:31

로마서

"그러므로 이제 그리스도 예수 안에 있는 자에게는 결코 정죄함이 없나니 이는 그리스도 예수 안에 있는 생명의 성령의 법이 죄와 사망의 법에서 너를 해방하였음이라" (롬 8:1-2)

기록목적 로마서는 바울이 자신의 로마 방문 계획을 알리고, 서반아(스페인)로 가는 전도여행에 도움을 얻고(15:22-24), 복음의 핵심을 설명하기 위한 목적(1:10-11)을 가지고 있다. 또한 예루살렘에 보낼 헌금 전달을 위한 기도의 부탁과(15:30-33) 로마교회에 속한 유대인과 이방인의 화해와 일치를 위해 기록하였다(14:1-6).

저 자 사도 바울

특 징
- 중요한 기독교 교리를 체계적으로 다루고 있다.
- 구원의 교리와 실천적 교훈이 잘 조화된 서신서이다.
- 하나님의 구속역사가 이스라엘에서부터 세계로 확장된 것을 알 수 있다.

내·용·분·해

대분류	소분류	주요 내용
1. 하나님의 구원 – 교리편 (1:1–11:36)	(1) 구원의 필요성 (1:1–3:20)	① 서론 ② 인간의 죄
	(2) 구원의 방법 : 칭의 (3:21–5:21)	① 칭의의 정의 ② 칭의의 증거 ③ 칭의의 결과
	(3) 구원의 과정 : 성화 (6:1–8:39)	① 성화의 원리 ② 성화와 율법의 역할 ③ 성화와 성령의 역할
	(4) 구원의 범위 (9:1–11:36)	① 선택받은 이스라엘 – 과거 ② 이스라엘의 불신앙 – 현재 ③ 이스라엘의 회복 예언 – 미래
2. 구원받은 성도의 삶 – 실천편 (12:1–16:27)	(1) 그리스도인의 윤리 (12:1–15:13)	① 하나님의 종인 그리스도인 ② 시민으로서의 그리스도인 ③ 형제로서의 그리스도인
	(2) 결론과 인사 (15:14–16:27)	① 바울의 의도와 계획 ② 문안인사

내·용·연·구

1. 하나님의 구원(1:1-11:36)

(1) 구원의 필요성(1:1-3:20)

① 서론(1:1-17)

- 복음은 하나님의 아들 예수 그리스도를 의미한다(1:2). 예수 그리스도는 다윗의 혈통에서 낳은 참 인간이시고(1:3), 죽은 자들 가운데서 부활하여 능력으로 참 하나님이심이 증명된 분이시다(1:4).
- 바울은 로마 교인들에게 신령한 은사를 나누어 주어 그들도 신앙의 열매를 맺게 하여 그들이 견고해지기를 바랬다(1:11). 그가 로마에 가기를 원하는 것은 그리스도께 진 복음의 빚을 갚기 위해서이다(고전 9:16).
- 복음이란 믿는 자에게 구원을 주시는 하나님의 능력이며(1:16), 복음에는 하나님의 의가 나타난다(1:17).
- 바울은 하박국 2장 4절의 "의인은 그의 믿음으로 말미암아 살리라"는 말씀을 인용하여 복음을 믿음으로 받아들이는 자는 의롭다함을 얻는다는 하나님의 뜻을 설명해 주고 있다.

② 인간의 죄(1:18-3:20)

- 사람들이 하나님의 영광을 더럽히자 하나님께서는 그

성도가 영적으로 빚진 것 (롬 1:14)
- 다른 사람보다 먼저 복음을 받음(1:14)
- 공로없이 하나님께 의롭다 여김(4:1-8)
- 죄와 사망에서 해방됨(8:2)
- 다른 성도들의 사랑과 도움을 받음(13:8; 15:26-27)

들을 마음의 정욕대로 더러움에 내버려 두셨다(1:24). 그 결과 이방인들은 성적으로 부도덕한 생활을 하게 되었고 그에 대한 형벌을 받았다(1:27).

• 하나님의 심판 원리(2:1-2:16)

원 리	내 용	성 경
1. 진리에 따름	– 하나님의 심판이 진리대로 된다.	2:2
2. 행한대로 보응	– 참고 선을 행하여 영광과 존귀를 구하는 자에게는 영생으로 보응하신다. – 당을 지어 불의를 좇는 자에게는 진노와 분노로 보응하신다.	2:7–8
3. 사람의 외모를 취하지 않음	– 하나님은 사람의 중심을 보신다.	2:11
4. 각 사람이 지닌 "빛과 이해의 양"에 따름	– 하나님을 알지 못하는 자도 심판을 받는다. – 하나님의 계시를 더 많이 받은 자들은 더 큰 책임이 있다(눅 12:48).	1:20 2:12

• 바울은 유대인의 불순종과 위선을 비난한다(2:17-29). 유대인들은 종교적인 우월감을 가진 민족으로 율법을 자랑하면서도 율법을 지키지 않았다.

• 율법이 하나님 백성의 내적 증거라면 할례는 외적 증거이므로 율법을 지키지 않는 상태에서의 할례는 무의미하다.

• 유대인도 이방인도 다 죄인이며 이 세상에 의인은 아무도 없다(3:9-18). 하나님이 율법을 주신 이유는 자기 행위로 구원받는 것이 아니라 율법을 통해서 죄를 깨달아 알고 나아가서는 모든 인간이 하나님의 심판 아래 있음을

인간의 타락의 증거
(롬 3:10-18)

- 죄인임을 깨닫지 못함(3:11)
- 하나님을 찾지 않음(3:11)
- 선을 행하지 않음(3:12)
- 저주와 악독의 말을 함 (3:13-14)
- 참 평안이 없음(3:17)
- 하나님을 두려워하지 않음 (3:18)

깨닫게 하는데 있다.

(2) 구원의 방법 : 칭의(3:21-5:31)

① 칭의의 정의(3:21-31)

- 율법 아래에서는 하나님께 의롭다함을 받을 자가 하나도 없다. 이러한 인간에게 하나님의 의가 나타났다. 이 "의"는 이미 율법과 선지자들이 증언한 것으로 곧 예수 그리스도를 믿는 믿음을 통하여 오는 것이다(3:21-22).
- 구약은 장차 오실 그리스도를 통하여 의롭다함을 받게 될 것을 알려주었고(단 9:24), 그 말씀대로 오신 예수 그리스도께서는 그를 믿는 모든 사람이 하나님의 은혜로 의롭다함을 얻은 자가 되게 하셨다(3:24).

② 칭의의 증거 - 아브라함의 예(4:1-25)

- 바울은 아브라함이 이미 행위로서가 아니라 믿음으로 의롭다함을 받았으며(4:1-8), 이 일은 아브라함이 할례받기 이전에 발생(4:9-12)한 것으로 믿음에 근거하여 주어졌음을 밝힌다(4:13).

③ 칭의의 결과(5:1-21)

- 믿음으로 의롭게 된 자가 받는 축복은 하나님과의 화평함으로, 하나님의 영광을 바라고 기쁨을 소유한다(5:1-2).
- 바울은 2천년 전 예수 그리스도의 죽음을 통한 구원의 은혜가 전 인류에게 동일하게 베풀어질 수 있다는 사실

율법의 기능(롬 3:19-20)
- 죄를 깨닫게 함(3:20)
- 모든 사람의 입을 막음 (3:19)
- 하나님의 심판 아래 있게 함 (3:19)

칭의 받은 자이 특권(롬 5:1-11)
화평을 누림(5:1)
은혜 가운데 거함(5:2)
하나님의 사람을 받음(5:5)
하나님의 진노에서 구원받음 (5:9)
하나님 안에서 기뻐함(5:11)

을 아담과 그리스도(둘째 아담)의 '대표원리'를 통해 설명한다.

- 아담 한 사람 때문에 온 인류가 사망 가운데 떨어졌다면, 예수님 한 분 때문에 우리는 생명 가운데 왕 노릇하게 된다(5:17).

칭의 → 죄에서 해방 → 하나님의 종 → 거룩함(성화) → 영생

(3) 구원의 과정 : 성화(6:1-8:39)

① 성화의 원리(6:1-7:6)

- 바울은 그리스도인들이 예수 그리스도를 닮아가기 위해 기억해야 할 원리와 실천에 대해 설명하고 있다.
- 그리스도인은 그리스도와 함께 "죄에 대하여" 죽고 "하나님에 대하여" 부활하였다(6:1-14). 그러므로 우리는 죄가 왕 노릇하지 못하게 해야 하며, 우리 자신을 하나님께 드려야 한다.
- 그리스도인은 "죄의 종"이었던 상태에서 벗어나 이제 "의의 종", 즉 "하나님의 종"이다(6:15-23). 그러므로 예수님과 합하여 의의 종이 된 자들은 마땅히 의의 열매인 거룩한 생활을 해야 한다.

왜 율법으로부터 자유해야 하나요?(롬 7:1-6)
- 율법의 행위로는 구원을 얻을 수 없기 때문
- 율법에 대해 죽었기 때문(롬 6:4, 10; 갈 4:4-5)
- 의의 열매를 맺을 수 있기 때문(롬 7:4)

- 그리스도인은 "옛" 생활(율법의 권세)에서 자유를 얻고 "새" 생활(성령의 권세)에 들어갔다(7:1-6). 그러므로 이제 우리는 죄를 깨닫게 하는 율법이 아닌 영의 새로운 것, 즉 성령의 인도하심을 따라 살아야한다.

② **성화와 율법의 역할**(7:7-25)

- 율법 자체는 거룩하고 선하고 의로운 것이다. 율법은 인간이 죄가 무엇인지 알지 못할 때 이를 가르쳐 줌으로써 죄를 깨닫게 한다. 죄는 율법의 문제가 아니라 인간의 문제이다.
- 바울은 속사람과 겉사람의 싸움 속에서 한 법을 깨달았다(7:25). 즉 선을 행하기 원하는 자신 속에 악이 함께 있다는 것이다.

③ **성화와 성령의 역할**(8:1-39)

- 그리스도께서 죽으신 큰 목적은 죄의 정죄로부터 죄인들을 구원할 뿐 아니라 "율법의 요구를 이루어지게 하려 하심이다"(8:4). 즉 칭의의 목적은 바로 성화이다.
- 하나님께서는 그리스도께서 십자가에서 이루신 사역을 통해 우리로 하여금 죄로부터 자유하게 하실 뿐 아니라 성령이 내주하여 우리로 하여금 죄를 이기고 승리하도록 도우신다(8:26).
- 하나님께서는 우리를 영화롭게 하는 단계(미리 아심→미리 정하심→부르심→의롭다 하심→영화롭게 하심)에까지 도

영을 좇는 자(롬 8:5-10)
영의 일을 생각함(8:5)
생명과 평안을 얻음(8:6)
하나님을 기쁘시게 함(8:8)
그리스도의 영이 거함(8:10)

곤고(롬 8:35)
내면적으로 당하는 불안, 걱정 따위의 곤경

적신(롬 8:35)
입을 옷이 없어 헐벗고 수치를 당하는 상태

와주신다(8:30).

- 성령이 우리를 도우시고, 하나님께서 그 자녀 된 우리를 영화롭게 하시니 현재의 그 어떤 고난도 우리를 하나님의 사랑에서 끊을 수 없다(8:39).

(4) 구원의 범위(9:1-11:36)

① 선택받은 이스라엘 - 과거(9:1-29)

- 이스라엘인이 소유한 8가지 특권(9:4-5).

특 권	의 미
1. 양자됨	유대인들을 세상 가운데서 구별하여 하나님의 장자로 삼으셨다(출 4:22).
2. 영광	'야훼의 영광'은 유대인의 성전에만 임재하셨다(출 24:16; 40:34).
3. 언약들	이스라엘을 자기 백성으로 삼으신다는 하나님의 신성한 언약을 주셨다. (창 15:18, 17:2; 출 24:7–8; 삼하 23:5; 렘 31:31–34).
4. 율법	이스라엘은 시내산에서 하나님의 율법을 직접 받는 놀라운 특권을 받았다(출 20:1–17).
5. 예배	성전에서 예배를 드릴 수 있는 기회도 이스라엘에게 큰 특권이었다.
6. 약속들	메시야에 대한 약속을 주셨다.
7. 조상들	아브라함, 이삭, 야곱, 다윗 등 구속사에서 중요한 역할을 했던 인물들은 유대인의 조상이었다.
8. 그리스도	그리스도의 성육신 사건은 유대인의 혈통을 통해서였다. 이것은 유대인들에게 가장 큰 복이었다(롬 1:3–4).

- 하나님께서는 아브라함의 모든 자손을 택하신 것이 아니고 약속의 말씀을 따라 그의 절대적인 주권으로 택하셨다. 이 택함은 인간의 행위가 아니라 긍휼하신 하나님

의 뜻에 따른 것이다(9:6-18).

- 이방인 중에서 예수를 믿고 구원 얻는 것은 하나님께서 그의 종들을 통하여 이미 예언한 약속의 말씀 때문이다. 하나님께서는 그가 말씀하신 것을 이루시는 절대 주권적인 분이시다(9:19-29).

복음 전파 과정(롬 10:13-15)
- 보내심(sending)
- 전파함(preaching)
- 들음(hearing)
- 믿음(believing)
- 부름(calling)

② 이스라엘의 불신앙 - 현재(9:30-10:21)

- 이스라엘이 하나님의 약속을 받지 못한 것은 이스라엘 백성들은 열심은 있었으나 하나님께서 예비하신 의의 길을 버리고 교만함으로 율법의 행위를 통한 자기 의만 세우려 했기 때문이다(10:1-3).
- 하나님의 "의"는 믿음으로 말미암은 "의"로서, 예수 그리스도를 말미암아 구속의 은혜를 값없이 받는 것이다.

③ 이스라엘의 회복 예언 - 미래(11:1-36)

※ 구원의 조건 (10:10) ➡ · 먼저 마음으로 믿어 "의"에 이르고 → 하나님과의 바른 관계 · 입술로 시인하여 "구원"에 이른다. → 사람들 앞에서 증인의 자세 ➡ 이 새로운 법은 모든 인류에게 적용된다.

- 하나님의 목적은 이스라엘의 넘어짐을 통하여 이방인들에게 구원이 흘러 들어가게 하시고, 이스라엘에게는 시기심을 일으켜 결국 이방인과 이스라엘 모두 동등한 유익 가운데서 구원을 얻게 하는 데 있다(11:11).

- 하나님께서는 이방인에게 긍휼을 베푸신 것과 같이 장차 이스라엘에게도 긍휼을 베푸실 것이다(11:31). 하나님의 긍휼과 사랑을 믿음으로 구원을 얻게 되는 이 비밀은 언제나 변치 않는 구원의 길이다.

2. 구원받은 성도의 삶(12:1-16:27)

(1) 그리스도인의 윤리(12:1-15:13)

헌신의 요구(롬 12:1-5)
먼저 너희 몸을 하나님께 드리라
하나님의 뜻이 무엇인지 분별하라
믿음의 분량대로 행하라
서로 몸의 지체라 생각하라

① 하나님의 종인 그리스도인(12:1-21)

- 바울은 그리스도인들이 삶의 순간마다 어떻게 행하여야 하나님의 영광을 나타낼 수 있는지를 가르친다. 헌신과 봉사는 은혜로 구원받은 이들의 의무이다.
- 사도 바울은 몸으로 산 제사를 드릴 것과 이 세대를 본받지 말 것, 그리고 하나님의 뜻을 분별할 것을 권면한다. 헌신과 성별과 순종은 기독교 윤리의 기초이다(12:1-2).
- 교회는 예수 그리스도를 머리로 하는 몸이다. 지체의 윤리는 믿음의 분량대로 지혜롭게 생각하고 몸을 위하여 자기 직분을 다하는 것이다(12:3-8).
- 성도는 모든 일을 사랑에 근거하여 해야 한다. 핍박하는 자를 축복하고, 이웃과 동고동락하며, 겸손하고, 선한 일을 계획하며, 모든 사람과 화평하고 원수까지도 사랑해

야 한다. 사랑은 악을 이기는 최대의 무기이다(12:9-21).

② **시민으로서의 그리스도인**(13:1-14)

- 권세자는 하나님께서 우리의 유익을 위하여 세우신 자들이지 공연히 권력을 소유한 자들이 아니다. 악을 행하는 자들은 마땅히 권세자들을 두려워해야 한다. 그들은 하나님을 대신하여 벌을 주는 자들이기 때문이다(13:1-4).
- 인간관계에서는 사랑의 빚 외에 아무 빚도 지지 않는 것이 그리스도인의 바른 삶이다. 사랑은 그리스도인의 삶을 가장 아름답게 하는 율법의 완성이요, 새로운 계명이다(13:8-10).
- 예수님의 재림이 가까운 지금은 역사적인 종말 외에도 개인에게 있어서 매시간이 곧 종말이다. 이러므로 우리들은 거룩함에 거하고 정욕을 버리며 그리스도와 하나됨으로 살아야 한다(13:11-14).

③ **형제로서의 그리스도인**(14:1-15:13)

- 신앙의 공동체인 교회는 믿음이 연약한 자를 받아들이되 의심하는 연약함을 비판해서는 안 된다(14:1). 서로 비판하지 말아야 할 것은 강한 자나 약한 자나 다 하나님이 받으신 귀중한 존재들이기 때문이다(14:1-12).
- 그리스도 안에서 형제 된 이들은 서로가 실족하지 않도록 서로를 돌보는 생활을 해야 한다. 예수님께서 피로 사신 형제이므로 모든 것을 사랑의 원칙으로 하여야 한

이웃에 대한 태도(롬 12:14-21)
핍박하는 자를 위해 기도함
슬픔과 기쁨을 함께 함
서로 마음을 같이 함
겸손하게 행함
지혜있는 체하지 않음
악으로 악을 갚지 않음
선한일을 도모함
긍휼을 베품

믿음이 연약한 성도에 대한 태도
비판하지 않음(14:1)
업신여기지 않음(14:3)
판단하지 않음(14:10)
사랑으로 대함(14:15)
주님 안에서 한 자녀임(14:15)
자신의 신앙관을 주장하지 않음(14:22)
약점을 감싸주고 도와줌(15:1)

다. 교회 안에서 그리스도인의 윤리는 "화평의 일과 서로 덕을 세우는 일" 에 기준을 두어야 한다(14:13-23).

- 성도의 삶은 하나님을 믿는 믿음과 함께 예수님의 제자가 되어 주님을 따라 사는 삶이 되어야 한다(15:1-13).

(2) 결론과 인사(15:14-16:27)

① 바울의 의도와 계획(15:14-33)

- 바울은 자신이 이방인을 위해 '하나님의 복음의 제사장 직무' 를 한다고 고백한다. 바울이 행한 표적과 기사의 능력은 이 제사장의 사명을 수행하는 수단이다(15:14-21).
- 바울은 복음이 전파된 곳에서는 가능하면 복음을 전하지 않았다(15:20). 그의 목적은 남이 뿌려놓은 씨앗의 열매를 거두는 것이 아니고 새 터에 씨를 뿌리는 것이었다.
- 바울은 '그리스도의 충만한 복음' 을 가지고 로마로 갈 것을 간절히 소망하면서, 로마 교인들에게 기도해 달라는 부탁을 한다(15:30-32).

② 문안인사(16:1-27)

- 바울은 그리스도 안에서 한 권속이 된 자들의 이름을 거론하며 일일이 문안하고(16:1-16). 이단 사설을 조심하라고 권면한다(16:17-20).
- 바울이 전한 복음은 예수 그리스도이다. 이 복음은 영원 전부터 감추어 있었던 비밀이었으나 이제 그 비밀이 하

나님의 계시로 말미암아 나타나게 된 것이다. 바울은 지금 이 편지를 읽고 있는 로마교회 성도들을 그 복음으로 견고하게 서도록 하실 하나님께 찬양과 영광을 돌리며 끝을 맺는다(16:25-27).

로마서의 적용과 실천

하나님께서는 우리를 사랑하심을 확증하시기 위해 독생자 예수 그리스도를 희생시키셨는데, 우리는 하나님을 사랑함을 확증하기 위해 무엇을 하고 있습니까(5:6-11)?

주님의 말씀처럼 진정 나를 무시하고 핍박하는 자를 축복할 수 있는 마음이 있습니까(12:14)?

하나님의 자녀 된 우리는 성령의 인도함을 받아 살아야 합니다. 곤고할 때 하나님을 찾고 부르짖어야 합니다. 연약함으로 인해 실족하지 않도록 성령께서는 우리를 위해 항상 말할 수 없는 탄식으로 간구하고 계십니다. 그러므로 우리는 구원의 확신 속에서 평안히 기쁘게 살 수 있습니다.

로마서(1~16장) 읽기

주일	월	화	수	목	금	토
1:1-17	1:18-3:20	3:21-5:21	6:1-8:39	9:1-11:36	12:1-15:13	15:14-16:27

고린도전서

"너희 몸은 너희가 하나님께로부터 받은 바 너희 가운데 계신 성령의 전인 줄을 알지 못하느냐
너희는 너희 자신의 것이 아니라 값으로 산 것이 되었으니 그런즉 너희 몸으로 하나님께 영광을 돌리라" (고전 6:19-20)

기록목적 바울이 고린도 교회를 떠난 후 에베소에 머무르고 있었을 때 고린도교회는 분열과 음란과 이단으로 심각한 문제 가운데 있었다. 이에 대해 바울은 예수님을 높이고 그리스도 중심의 생활을 강조할 목적으로 이 편지를 고린도 교회 성도들에게 써 보냈다.

저　　자 사도 바울

특　　징
- 고린도전서는 그리스도인들이 실생활에서 부딪히던 문제점들을 다루고 있는 실용적인 편지이다.
- 바울은 교회내의 분쟁, 교인들 간의 법적 소송, 결혼 문제, 영적 은사의 남용, 성만찬, 우상제물에 관한 문제, 부활에 대한 불신 문제들에 대하여 바른 길을 제시한다.
- 당시의 고린도 교회처럼 많은 문제들을 안고 있는 오늘날 교회에도 고린도전서는 매우 적절하고 필요한 교훈들을 전해주고 있다.

내·용·분·해

대분류	소분류	주요 내용
1. 고린도 교회의 문제 (1:1–6:20)	(1) 서론(1:1–9)	① 인사와 감사
	(2) 교회 분열의 문제 (1:1–4:21)	① 교회 분열의 사실 ② 교회 분열의 원인과 권고
	(3) 도덕적인 무질서의 문제(5:1–6:20)	① 음행의 문제 ② 성도간의 법정 소송의 문제 ③ 성적 부도덕의 문제
2. 고린도인들의 질문에 대한 답변 (7:1–16:24)	(1) 개인적인 문제 (7:1–11:1)	① 결혼의 문제 ② 자유의 문제
	(2) 예배생활의 문제 (11:2–14:40)	① 교회 내의 질서 문제 ② 영적 은사의 문제
	(3) 부활의 문제 (15:1–16:24)	① 부활의 문제 ② 결론

내·용·연·구

1. 고린도 교회의 문제(1:1-6:20)

(1) 서론(1:1-9)

① 서론(1:1-9)

• 인사(1:1-3)

"그리스도 예수의 사도"(1:1)인 바울은 주 예수 그리스도의 이름을 부르는 모든 자들에게 문안하며 그들에게 은혜와 평강의 복을 기원한다.

• 감사(1:4-9)

풍성한 은혜에 대한 감사의 내용은 첫째, 고린도 성도들이 특별히 "모든 언변과 모든 지식에 풍족하다"는 것(1:5)과 둘째, 그리스도 예수 안에서 얻은 영적 지식이 그들 삶 가운데 튼튼히 자리 잡아 하나님의 백성으로서 그리스도의 재림을 기다리는 견고한 믿음 위에 서 있다는 것이다(1:6-7).

고린도의 지리적, 사회적 배경

① 고린도 지역은 세계 무역의 통로가 되는 요충지이며, 해양문명이 번창한 곳이었다.

② 에게 해와 아드리아 해 사이 좁은 지형에 위치한 고린도는 아덴 다음가는 헬라의 대도시로 야외극장, 운동 경기장, 각종 이방 신사를 고루 갖춘 경제, 문화, 종교의 중심지로 성장하였다.

③ 고린도 인구의 많은 부분을 노예들이 차지하였으며, 여러 종족들이 모여 형성된 고린도에는 동방과 서방의 타락한 종교와 문화가 만나 온갖 죄악과 매춘이 성행하였다.

④ 고린도는 지역적, 문화적 영향으로 인하여 군사, 상업, 교육, 스포츠 등이 크게 번창하였으나 주전 146년 로마 장군 뭄미우스(Mummius)에 의해 정복당했다. 패망 후 100년간 폐허 상태로 있다가 로마의 율리우스 카이사르(Caesar)에 의해 재건되었으며, 주후 27년에 로마총독이 부임함으로써 아가야 전 지역 행정 구역의 수도가 되었다.

〈고린도의 위치〉

(2) 교회 분열의 문제(1:1-4:21)

① 교회 분열의 사실(1:10-17)

- 바울은 '글로에' 에게서 온 편지를 통하여 교회 안에 각기 바울파, 아볼로파, 게바파, 그리스도파라는 이름으로 당파가 형성되어 분열이 생겼다는 것을 알게 되었다.
- 바울은 인간의 지혜를 의지하고 인간의 업적에 영광을 돌린 고린도 교인들을 책망하며서, 같은 마음과 같은 뜻으로 온전하게 합할 것을 권면한다.

② 교회 분열의 원인과 권고(1:18-4:21)

- 십자가 도에 대한 오해(1:18-31)

  고린도 교회 사람들은 하나님의 지혜를 이해하지 못하고 인간의 지혜로 하나님의 지혜를 대신하였고, 그것이 분쟁의 근본적인 원인이 되었다.
- 그리스도께서는 하나님의 능력이며 십자가의 도는 하나님의 지혜이시다. 이 십자가의 도는 멸망을 향해가는 사람들에게는 미련해 보이나 구원을 받은 성도들에게는 하나님의 능력이 된다(1:18).
- 하나님의 지혜와 성령의 계시(2:1-16)

  하나님의 지혜는 온전한 자들에게 주시는 것으로서 인간의 이성으로는 이것을 깨달을 수 없고 오직 성령으로 말미암아 깨달을 수 있다.
- 고린도 교회 사람들의 분쟁은 그들이 아직 하나님의 지

유대인과 헬라인의 태도

· **유대인**
십자가의 도에 대하여 무지했던 유대인들에게 십자가는 오히려 꺼리는 것이 되었다. 왜냐하면 구원과 표적을 보여줄 메시야에 대한 기대와는 달리 예수님이 십자가에 못 박혀 죽었기 때문이다.

· **헬라인**
지혜를 추구하고 이성적인 증거를 요구하는 헬라인들에게 십자가의 복음은 저급하고 어리석게 보이는 것이었다.

혜를 이해하지 못하고 있다는 것을 보여준다(3:1-4).

- 사도의 직분(4:1-21)
  일부 고린도 교인들이 바울의 사도직을 인정하지 않자 이에 대해 바울은 자기를 그리스도의 일꾼이요 하나님의 비밀을 맡은 자라고 말하며 자신의 입장을 변호한다(4:1-5).
- 하나님의 일꾼들에게 요구되는 것은 충성인데, 충성에 대해 판단하실 분은 오직 예수 그리스도 뿐이며, 그 분이 오시기까지 아무도 주의 종을 판단해서는 안 된다. 고린도 교회 사람들 스스로 판단한 결과 교회가 당파를 형성하여 분열하게 되었다.
- 바울이 고린도 교인들에게 자신을 본받으라고 권고하는(4:16)것은 고린도 교회가 교만에서 해방되고(4:6), 그리스도 앞에서 겸손한 자가 되기를 바라는 심정에서이다.

하나님의 지혜의 3가지 특성

1. 이 세상 지혜가 아니다. 배움과 경험의 지혜가 아니라 만세 전 부터 감추어진 것이다(2:7).
2 세상 통치자들의 지혜가 아니다. 정치적 지혜, 인간의 지혜가 아니다. 그들이 알았더라면 영광의 주를 못 박지 않았을 것이다(2:8).
3. 세상 사람들은 알지 못하는 것이다. 눈을 뜨게 하는 성령의 역사 없이는 알지 못하는 지혜다(2:10).

(3) 도덕적인 무질서의 문제(5:1-6:20)

① 음행의 문제(5:1-13)

- 고린도 교회 사람들에게 근친상간하는 자와 교제하지 말라고 훈계한다. 그 목적은 음행한 자로 하여금 죄를 회개케 하여 구원하기 위함이며 나쁜 도덕적 죄는 반드시 교회로부터 축출되어야 하기 때문이다(5:1-8).

- 범죄한 자들과는 사귀지 말 것을 권면하는데 이는 교회의 신앙을 지키기 위하여 그들과 깊은 영적 교제를 갖지 말라는 것이다(5:9-13).

② 성도간의 법정 소송의 문제(6:1-11)

- 고린도 교회의 일부 기독교인들이 다른 이들을 법정에 고발했다. 바울은 성도 간의 문제라면 세상 법정으로 가져가기보다 그리스도의 사랑 안에서 손해를 보거나 불의를 당하는 편이 낫다고 말하고 있다(6:7).
- 성도는 예수 그리스도의 이름과 성령 안에서 거룩함과 의로움을 입은 자들이며(6:11), 구원받은 의인으로서 사랑의 원칙이 항상 우선되어야 한다.

③ 성적 부도덕의 문제(6:12-20)

- 고린도 교회의 일부 사람들은 그들이 기독교인으로서 자유를 가지고 있기 때문에 음행을 포함해서 무엇이든지 할 수 있다고 생각했다(10:23).
- 성도의 몸은 성령이 거하시는 성전(6:19)이므로 우리의 몸은 우리의 것이 아니며 그리스도의 것이다. 그러므로 성도들은 음행을 하지 말고, 주를 섬기는데 그들의 몸을 사용해야 한다.

5장 11절과 6장 9-10절에
나타난 악(惡)한 자
⬇
· 음행하는 자
· 우상숭배 하는 자
· 간음하는 자
· 탐색하는 자
· 남색하는 자
· 도적질 하는 자
· 탐욕을 부리는 자
· 술 취하는 자
· 모욕하는 자
· 속여 빼앗는 자
⬇
이들은 하늘나라를
유업으로 받지 못한다.

2. 고린도인들의 질문에 대한 답변(7:1-16:24)

(1) 개인적인 문제(7:1-11:1)

① 결혼의 문제(7:1-40)

결혼에 대한 질문들	답 변
그리스도인은 결혼한 후에 성적 생활을 금해야 하는가?	부부로서 성적 의무를 충실히 이행하라(7:3)
반드시 결혼해야 하는가?	결혼하지 않는 것이 좋다(7:8). 그러나 독신은 성생활을 하지 않고도 살 수 있는 자에 한하며, 성적 욕구를 이길 수 없다면 결혼 하라(7:9).
이혼할 수 있는가?	이혼하지 말라(7:10). 그러나 예수 그리스도를 믿지 않는 배우자가 먼저 갈라서기를 원한다면 무리하게 합치지 않아도 된다(7:15).
처녀나 과부는 반드시 결혼해야 하는가?	종말론적 시각에서 신앙을 더욱 굳건히 하려면 독신 상태를 유지하는 것이 좋다(7:26). 그러나 결혼하는 것도 나쁘지 않다(7:38).

② 자유의 문제(8:1-11:1)

• 바울은 8장에서 그리스도인의 자유에 대한 원칙을, 9장과 10장에서 그 원칙에 대한 실례를 가르치고 있다.

8장	· 지식이 아닌 사랑에 바탕을 둔 자유의 원칙(8:1–6) 그 당시 고린도교회에서 크게 문제시 되었던 우상에 바쳐진 제물을 먹는 일에 관하여 하나님을 사랑하는 자에게는 우상은 헛된 것이요 우상의 제물을 먹는 것도 아무 관계가 없음을 가르치고 있다. · 해결의 방법(8:7–13) 비록 자신은 자유함을 받아 거리낌이 없어도 믿음이 연약한 형제의 믿음에 걸림돌이 된다면 우상의 제물을 먹지 않는 것이 좋다.

9장	· 실례 1 : 복음의 사도로서의 자세 바울은 사도로서 권리를 주장하고 보수를 받는 것이 마땅하지만 자신은 철저하게 복음만을 전하기 위해 산다는 사도로서의 신념을 말하고 있고(9:1–18), 복음을 위하여서 모든 사람의 종이 되었음을 고백하고(9:19–23), 복음을 위하여 더욱 더 자신을 복종시켜 훈련한다는 신앙자세를 보여주고 있다(9:24–27).
10:1 – 11:1	· 실례 2 : 우상을 숭배한 이스라엘 백성 고린도 교인들은 그들 자신의 영적 지식이 풍부하고 강한 믿음의 소유로 인하여 어떤 유혹이나 죄에 대하여도 담대히 대처해 나갈 힘이 있을 것이라 생각했다. 바울은 이런 생각들에 대하여 복을 받았던 이스라엘(10:2–4)이 우상을 숭배하다 진멸된 역사적 교훈을 말하면서 그들의 자신감에 대해 경고를 준다.

(2) 예배생활의 문제(11:2-14:40)

① 교회 내의 질서 문제(11:2-34)

- 여자가 머리에 수건을 쓰는 문제(11:2-16)

  바울은 당시 초대 교회의 문화적 관례를 존중해 여자는 머리를 가리고 예배에 참석할 것을 권면한다(11:13-16).

- 주의 만찬에서의 문제(11:17-34)

  고린도 교회는 주의 만찬을 잘못 먹음으로 분열을 가져왔다(11:18, 21-22, 33).

- 성찬의 의미는 예수의 살과 피를 먹고 마심으로 그리스도의 불멸의 사랑을 기념하며 성찬의 참여자가 주님의 지체가 되어 몸된 교회를 이루는 의식이다.
- 성찬의 목적은 주님의 죽으심과 다시 오심을 기억하며 형제간의 화목과 사랑을 나누는데 있다.

은사의 종류

계시의 은사	지혜의 은사 지식의 은사 영분별의 은사
권능의 은사	믿음의 은사 병 고침의 은사 능력 행함의 은사
말함의 은사	예언의 은사 방언의 은사 방언 통역의 은사

공적 예배를 주도하는 근본 원리

① 서로 덕을 세워라(14:1-5)
② 듣는 자에게 이해가 되도록 하라(14:6-25)
③ 질서를 지켜라(14:26-40)

② 영적 은사의 문제(12:1-14:40)

- 교회를 위한 영적 은사(12:1-31): 성령께서는 몸된 교회를 섬기도록 다양한 은사를 각 개인에게 선물로 주신다.
- 사랑(13:1-13): 바울은 어떠한 영적 은사들도 사랑만큼 가치가 있는 것은 없다고 말한다. 사랑은 영원하지만 다른 모든 은사들은 일시적일 뿐이다(13:8).
- 13장에 나타나는 사랑이 갖고 있는 구체적인 특성은 고린도 교회에서 생긴 분열, 다툼, 업신여김, 시기, 질투 등의 문제에 대한 근본적이고 완전한 답을 제시한다.
- 영적 은사의 사용(14:1-40): 바울은 당시 고린도 교회에서 가장 많이 행해지던 대표적인 두 가지 은사인 예언과 방언의 비교를 통하여 은사의 상대적 가치를 설명한다. 바울은 무엇이 중요한가보다 예배에 규칙을 정해 은사를 질서 있게 사용하는 것이 더욱 중요하다고 가르친다.

(3) 부활의 문제(15:1-16:24)

① 부활의 문제(15:1-58)

- 바울은 고린도 교회의 몇몇 성도가 미래에 있을 죽은 사람의 부활을 부정하고 있다는 것을 어떠한 경로를 통해 알게 되었다(15:12).
- 바울은 이에 대해 고린도 교회 성도들에게 그리스도의 육체적 부활을 다시 가르친다. 그리스도의 부활의 사건

은 우리 믿는 자들의 장차 있을 부활을 확증해 주는 것이 된다.

- 부활을 부인하는 자들은 죽은 자들이 어떻게 다시 살며 어떠한 몸으로 다시 오느냐고 질문했다(15:35). 이에 대하여 바울은 씨가 땅 속에서 썩어 싹을 틔우는 것같이 인간의 육체가 변하여 부활의 육체가 되는 것으로 부활의 신앙을 설명했다.

② **결론**(16:1-24)

- 바울은 개인적인 인사와 함께 당시에 교회들이 갖고 있던 재정문제와 땅 끝까지 복음을 전하러 가는 사역자들에 대해 관심을 가져 줄 것을 촉구한다.
- 바울은 마지막으로 "깨어라, 믿음에 굳게 서서 남자답게 강건하라, 모든 일을 사랑으로 행하라"(16:13-14)고 권면하고 고린도교회 성도들을 향한 깊은 관심과 사랑을 표현하며 편지의 끝을 맺는다.

육의 몸에서 부활의 몸으로 변화

육의 몸 (15:42)	썩을 것 욕된 것 약한 것 흙에 속한 자의 형상
부활의 몸 (15:43)	썩지 않을 것 영광스러운 것 강한 것 하늘에 속한 자의 형상

고린도전서의 적용과 실천

오늘 우리가 교회 안에서 서로 나뉘고 분열되는 이유가 무엇이라고 생각합니까? 진정으로 하나님이 원하시는 것은 어떠한 것입니까(1:10-13)?

많은 은사 중에 힘써 사모해야 하는 성령의 은사는 무엇이며, 또한 그 이유는 무엇입니까(12:31)?

성도는 그리스도 안에서 한 지체이므로 함께 더불어 성장해야 합니다. 겸손한 마음으로 서로의 유익을 위해 권면하고 서로의 부족과 연약한 부분을 채워주며 도와주어야 합니다. 은혜로 주신 은사는 가지고 교회의 일치를 위하여 사용해야 합니다.

고린도전서(1~16장) 읽기

주일	월	화	수	목	금	토
1:1-31	2:1-4:21	5:1-6:20	7:1-9:27	10:1-12:31	13:1-14:40	15:1-16:24

고린도후서

"모든 것이 하나님께로서 났으며 그가 그리스도로 말미암아 우리를 자기와 화목하게 하시고 또 우리에게 화목하게 하는 직분을 주셨으니" (고후 5:18)

기록목적 고린도 교회는 외부로부터 거짓 교사들이 들어와서 바울이 사도가 아니라는 비방을 하며 바울이 전한 복음을 부정하였는데 고린도 교인들은 이러한 거짓 교사들의 주장에 넘어가버렸다(11:4). 이러한 상황에서 바울은 자신의 사도직이 정당하다는 것을 변호하고 거짓 교사들의 가르침을 반박하고(10-12장), 예루살렘 교회의 가난한 이들을 위한 구제헌금의 원칙과 목적을 기록하고 이를 권면하기 위하여 이 서신을 기록하였다(8-9장).

저　　자 사도 바울

특　　징
- 고린도후서는 바울서신 중에서 바울의 인간적인 모습을 가장 잘 나타낸 서신으로 개인적이고 자서전적인 내용이 많다.
- 고린도전서에 비해 고린도후서는 비조직적이며, 주관적이고 감정적이다.
- 금언 형식의 단편적 교훈이 많다.

내·용·분·해

대분류	소분류	주요 내용
1. 사역에 대한 바울의 설명 (1:1–7:16)	(1) 바울의 간증(1:1–2:11)	① 서론 ② 화해를 위한 바울의 해명
	(2) 바울의 사역(3:1–5:21)	① 새 언약의 일꾼인 사도 ② 고난의 사도 ③ 부활의 증인인 사도
	(3) 바울의 권면(6:1–7:16)	① 바울의 권면 ② 바울의 기쁨
2. 헌금에 대한 바울의 권면 (8:1–9:15)	(1) 헌금의 원리(8:1–9:15)	① 헌금의 모범 ② 헌금의 원칙과 방법
3. 사도직에 대한 바울의 변호 (10:1–13:13)	(1) 바울의 사도성 (10:1–12:13)	① 사도직에 대한 변호 ② 바울의 자랑
	(2) 맺는말(12:14–13:13)	① 고린도 방문에 대한 계획 ② 마지막 권면과 인사

내·용·연·구

1. 사역에 대한 바울의 해명(1:1-7:16)

(1) 바울의 간증(1:1-2:11)

① 서론(1:1-11)

- 바울은 자신이 하나님의 뜻으로 말미암아 그리스도 예수의 사도가 된 사실을 밝히며(1:1), 고난 중에 하나님만을 의지하는 방법을 배웠고, 고난의 때에 하나님으로부터 받은 큰 위로에 대해 감사했다(1:8-9; 참조. 행 19:23-41).
- 바울이 환난을 당하는 것은 자기의 유익을 위한 것이 아니라 믿는 형제들을 격려하고 그들로 하여금 구원에 이르도록 하기 위함이다(1:3-7).

② 화해를 위한 바울의 해명(1:12-2:17)

- 바울이 고린도 교회를 방문하려던 계획을 이행하지 못하자, 이에 대해 바울은 자신이 불신자들처럼 변덕스러운 사람이 아니라 고린도 교인들을 사랑하고 아끼는 마음 때문에 연기했음을 밝히고 있다.

실루아노(고후 1:19)
실라의 로마식 이름(참조. 살전 1:1)

(2) 바울의 사역(3:1-5:21)

① 새 언약의 일꾼인 사도(3:1-18)

- 바울은 옛 언약에 기초한 유대교보다 새 언약에 기초한

그리스도교가 월등하며, 옛 언약의 모세 직분보다 새 언약의 사도 직분이 더 우월하다고 강조했다. 참 사도는 예수 그리스도로 인한 새 언약의 일꾼이다.

〈옛 언약과 새 언약의 비교〉

옛 언약	성경구절	새 언약
먹으로 쓴 것	3절	살아 계신 하나님의 영으로 쓴 것
돌판에 쓴 것		마음판에 쓴 것
율법 조문의 계약	6절	영의 계약
죽게 하는 율법 조문의 직분	7-8절	영광이 넘치는 영의 직분
정죄의 직분	9절	의의 직분
없어질 것	11절	영원한 것
숨겨진 것	13-18절	드러나는 것

② 고난의 사도(4:1-18)

벨리알(고후 6:15)
'가치 없는 것', '악한 것', '추한 것' 이라는 뜻으로 그리스도를 대적하는 사탄을 의미

- 바울은 고난을 받으면서도 고난 가운데서 더 크게 나타나는 하나님의 놀라운 은혜를 알았기 때문에 낙심하지 아니하고 항상 감사하였다. 바울은 이 땅에서의 고난이 크면 클수록 영원한 저 하늘에서의 영광이 더 크다는 것을 알고 있다.
- 바울은 믿는 자들을 질그릇에 담긴 보배로(4:7) 묘사했다. 믿는 자들은 흙으로 만든 질그릇처럼 깨어지기 쉽지만 그 안에 담긴 복음의 능력으로 인하여 쓰임 받게 된다. 하나님께서 귀한 보배인 복음을 질그릇 같은 우리

안에 담아 주신 이유는 복음의 능력이 전적으로 하나님께 있음을 나타내기 위함이다.

- 하나님께서는 우리로 고난을 통과하게 하시되 결국 값진 승리를 하게 하신다(요 16:33).

③ 부활의 증인인 사도(5:1-21)

- 바울은 세상의 장막집이 무너지면 하늘에 영원한 집이 있음을 알고 있었으므로 고난 중에서도 기뻐하였다(5:1).
- 우리는 훗날 주님의 심판대 앞에 서게 된다(5:10). 그러므로 그리스도 안에서 새로운 피조물(5:17)인 우리는 이 심판에 대비하여 주님을 기쁘게 하는 삶을 살아야 한다(5:9).

보배를 담은 우리의 능력

- 사방으로 우겨쌈을 당하여도 싸이지 아니하며(4:8)
- 답답한 일을 당하여도 낙심하지 아니하며(4:8)
- 박해를 받아도 버린 바 되지 아니하며(4:9)
- 거꾸러뜨림을 당하여도 망하지 아니한다(4:9).

〈땅의 장막과 하늘의 집의 비교〉

명 칭	땅의 장막	하늘의 집
공간의 차이	땅	하늘
시간의 차이	일시적 탄생으로 주어짐 죽음으로 가치가 없어짐	영원함 재림시에 주어짐 영원히 가치가 지속됨
질적 차이	육적, 세속적 고난 속에 거함 초라함 모든 사람에게 주어짐	영적 기쁨, 은총 가운데 거함 영광스러움 성도에게만 주어짐

(3) 바울의 권면(6:1-7:16)

① 바울의 권면(6:1-18)

- 바울은 지금이 은혜 받을 만한 때요 구원의 날이라고 선포하면서(6:2) 세상 모든 사람들에게 하나님과 화목할 것과(5:20) 거룩하게 살 것을 권면한다(6:11-7:1).

〈바울이 보여준 모범과 결말〉

외적고난(6:4-5)	→	내적, 영적 능력으로 이겨 냄(6:6-7)	→	복된 결말(6:8-11)
환난 궁핍 고난 매 맞음 갇힘 난동 수고로움 자지 못함 먹지 못함	→	깨끗함 지식 오래참음 자비함 성령의 감화 거짓 없는 사랑 진리의 말씀 하나님의 능력	→	· 속이는 자 같으나 참된 자 · 무명한 자 같으나 유명한 자 · 죽은 자 같으나 살아 있는 자 · 징계를 받는 자 같으나 죽임을 당하지 아니함 · 근심하는 자 같으나 항상 기뻐함 · 가난한 자 같으나 많은 사람을 부요하게 함 · 아무것도 아닌 자 같으나 모든 것을 가진 자

② 바울의 기쁨(7:2-16)

- 바울을 공공연히 반대하던 고린도 교회는 바울의 두 번째 편지와 디도의 출현으로 점차 평온해지고 반대자들은 겸손해졌다(7:7-16).
- 고린도 교인들의 변화된 생활로 인해 바울은 "내가 우리의 모든 환난 가운데서도 위로가 가득하고 기쁨이 넘치는도다"라고 고백한다(7:4).

마게도냐 교회들(고후 8:1)
바울이 마게도냐 지역에 세운 빌립보, 데살로니가, 베뢰아 교회(참조. 행 16:11-17:15)

2. 헌금에 대한 바울의 권면(8:1-9:15)

(1) 헌금의 원리(8:1-9:15)

① 헌금의 모범(8:1-24)

- 당시 팔레스타인 지방에 있었던 큰 기근으로 어려움을 겪고 있던 마게도냐 교회에서는 어려운 중에도 헌금을 하여 유대 지방의 교회 성도들을 돕는 운동을 벌였다.
- 바울과 고린도 교회 사이에 문제가 다시 정상화되어 헌금문제를 거론할 수 있게 되자 바울은 마게도냐 교회의 모범을 이야기하고 고린도 성도들도 구제 헌금에 적극 동참할 것을 권면한다(8:1-5).

② 헌금의 원칙과 방법(9:1-15)

원칙과 방법
미리 준비하라(9:5)
풍성한 수확을 기대하며 많이 심으라(9:6)
마음에 정한대로 하라(9:7)
인색함이나 억지로 하지말고 기쁜 마음으로 하라(9:7)

➡

하나님의 복
풍성하게 하시고 의의 열매를 더하게 하신다(9:10)

3. 사도직에 대한 바울의 변호(10:1-13:13)

(1) 바울의 사도성(10:1-12:13)

① 사도직에 대한 변호(10:1-18)

- 고린도 교회의 외부에서 들어온 바울의 대적자들은 사도직과 그가 전한 복음 전체에 걸친 문제까지 비방했다.
- 바울은 자신이 소유한 무기는 육신의 방법인 인간의 지혜나 추천서의 힘에 의한 것이 아니라 "오직 어떤 견고한 진도 무너뜨리는 하나님의 능력"(10:4)이라고 밝힌다.
- 참 사도는 하나님이 정하신 범위 안에서 일하며, 다른 사람의 열매를 자신의 것으로 취하지 않는다고 규정하면서 바울은 자신이 자랑할 것은 예수 그리스도밖에 없음을 고백한다.

태장(고후 11:25)
채찍 끝에 쇳조각을 매달아 때리는 로마식 형벌로 원래 로마 시민권을 가진 자들에게는 금지되어 있었으나 바울에게는 예외적으로 이 형벌이 적용되었다(행 16:22).

② 바울의 자랑(11:1-12:13)

- 바울이 대적자들에게 보여 주고자 한 자랑거리는 복음을 전하면서 받은 고난과 자신의 연약함이었다.

거짓 사도가 주장하는 사도의 표에 대한 바울의 변론(고후 11:21-23)	진정한 사도의 증표(고후 11:23-27)
· 그들이 담대하냐 나도 담대하다 · 그들이 히브리인이냐 나도 그러하다 · 그들이 이스라엘인이냐 나도 그러하다 · 그들이 아브라함의 후손이냐 나도 그러하다 · 그들이 그리스도의 일꾼이냐 나는 더욱 그러하다	· 수고하고 애쓰며 여러 번 자지 못하고 주리며 목마르고 굶고 춥고 헐벗었다. · 옥에 갇히기도 더 많이 하고 · 매도 수없이 맞고 · 갖가지 위험으로 여러 번 죽을 뻔하였다.

• 바울은 십사 년 전에 셋째 하늘로 올라가 낙원에서 놀라운 환상과 계시를 보고 말로 표현할 수 없는 기이한 말을 들었다(11:2-4)고 고백한다. 이는 특별한 신비체험이 부족하다고 비방하는 대적자들에게 대응하기 위한 간증이다.
• 하나님께서는 바울이 여러 계시들로 인해 자만하지 않도록 그의 육신에 가시를 허락하셨다(11:7).

(2) 맺는말(12:14-13:13)

① 고린도 방문에 대한 계획(12:14-21)

• 바울은 고린도를 세 번째 방문하려고 계획하며 용서와 화해를 이루는 방문이 되기를 바라고 있다.

② 마지막 권면과 인사(13:1-13)

• 바울은 세 번째 방문이 두 번째 방문과 같이 가슴 아픈 사건이 되지 않기를 바라면서 앞에 당부해 온 권면을 재차 반복한다.
• 바울은 범죄자에 대한 처벌에 대해 그들이 꼭 선을 택함으로써 바울에게나 하나님께나 기쁨이 되기를 간절히 바란다.
• 마지막으로 바울은 고린도 성도들에게 "너희는 믿음 안에 있는 너희 자신을 시험하고 너희 자신을 확증하라"(13:5)고 권면하고 성부와 성자와 성령의 이름으로 축도하며 고린도후서를 마무리한다(13:13).

고린도후서의 적용과 실천

하나님께서는 우리의 고난을 통하여 하나님을 의지하는 법을 가르쳐 주십니다. 고난에 대해 우리는 어떠한 태도를 취하고 있습니까(1:8-9)?

우리가 하루하루 일하고 노력하는 것들에 대해 누구에게 옳다 인정 받기를 원하고 있습니까(10:18)?

삶의 어떤 환난과 개개인의 실수에도 불구하고 우주의 절대 주권자이신 하나님의 은혜로 성도에게는 궁극적으로 영원한 평안과 기쁨이 있습니다. 따라서 성도는 자신의 소명에 대한 확고한 인식과 절대 헌신이 있어야 합니다. 더 나아가 세상 종말 이후에 도래할 천국에 대한 소망을 가져야 합니다.

고린도후서(1~13장) 읽기

주일	월	화	수	목	금	토
1:1-11	1:13-2:17	3:1-4:18	5:1-7:1	7:2-8:24	9:1-10:18	11:1-13:13

갈라디아서

"내가 너희에게서 다만 이것을 알려 하노니 너희가 성령을 받은 것이 율법의 행위로냐 혹은 듣고 믿음으로냐" (갈 3:2)

기록목적 바울의 사도권을 부정하는 사람들의 주장에 대하여 자신의 사도직의 정당성을 천명하고(1-2장), 구원은 믿음과 율법의 행위가 있어야만 이루어진다는 잘못된 가르침에 대하여 '오직 믿음으로만 구원을 받는다' 는 참 복음을 전하기 위해서이다(3-4장). 더불어 그리스도인의 삶은 율법을 지키려는 인간의 노력보다 십자가의 힘과 성령의 능력에 의지하여 살아가야 함을 가르치기 위해 기록하였다(5-6장).

저 자 사도 바울

특 징
- 율법주의 거짓 교사들의 그릇된 교리들을 질타하는 내용이 많이 수록되어 있어 전투적이고 강경하다(1:1; 3:1, 6:17).
- 갈라디아서는 바울의 개인적인 경험이 많이 언급되어 있는 자서전적인 서신으로 복음의 진실성을 강조하기 위해 사도권을 변증하는 변론이 먼저 나오고 있다.
- 기독교의 핵심 진리인 이신득의의 교리를 논리적으로 다루고 있는 교리적 서신이다(2:16; 3:1; 5:16-26).

내·용·분·해

대분류	소분류	주요 내용
1. 복음의 진리 (1:1-6:18)	(1) 복음의 근원(1:1-2:21)	① 서론 ② 바울의 삶에서 나타난 은혜 ③ 사도 바울이 전한 복음
	(2) 복음의 설명(3:1-4:31)	① 경험적 논증 ② 성경적 논증 ③ 논리적 논증 ④ 역사적 논증 ⑤ 개인적 호소 ⑥ 풍유적 논증
	(3) 복음의 적용(5:1-6:18)	① 멍에가 아닌 자유 ② 육체가 아닌 성령 ③ 그리스도의 법 ④ 결론

내·용·연·구

1. 복음의 진리(1:1-6:18)

(1) 복음의 근원(1:1-2:21)

① 서론(1:1-10)

- 문안 인사(1:1-5): 갈라디아서의 인사말은 지금까지의 서신에서 하던 칭찬이 생략되고 처음부터 강경한 어조로 자신의 사도직을 주장한다. 바울이 이 편지를 쓸 때 갈라디아 교인들은 거짓 교사들의 선동에 의해 바울의 사도직과 그가 전한 복음을 의심하였다. 이 소식을 전해들은 바울은 강하게 자신의 사도직이 사람에 의한 것이 아니라 예수 그리스도와 하나님께로부터 직접 받은 것이라고 강조한다(1:1-5).
- 오직 한 복음(1:6-10): 바울은 자신이 전한 복음 외에는 다른 복음이 없으며(1:7), 만약 다른 복음을 전하는 자는 저주를 받을 것이라고 단호하게 충고한다(1:8).

"이제 내가 사람들에게 좋게 하랴 하나님께 좋게 하랴 사람들에게 기쁨을 구하랴 내가 지금까지 사람들의 기쁨을 구하였다면 그리스도의 종이 아니니라"(갈 1:10)

게바(갈 1:18)
베드로의 아람어식 이름

다른 복음을 전하는 자들의 특징		결과
① 그리스도의 복음을 변질시킨다(1:7) ② 성도의 생활을 교란하게 한다(1:7) ③ 가만히 들어와 성도의 자유를 엿본다(2:4) ④ 그리스도인을 자신들의 종으로 삼으려 한다(2:4)	➡	이러한 자들의 종말은 저주를 받게 된다(1:8–9).

"내가 그리스도와 함께 십자가에 못 박혔나니 그런즉 이제는 내가 사는 것이 아니요 오직 내 안에 그리스도께서 사시는 것이라 이제 내가 육체 가운데 사는 것은 나를 사랑하사 나를 위하여 자기 자신을 버리신 하나님의 아들을 믿는 믿음 안에서 사는 것이라" (갈 2:20)

② 바울의 삶에서 나타난 은혜(1:11-24)

- 부르심 받음(1:11-16): 바울이 전한 복음은 인간에 의한 것이 아니라 하나님의 계시에 의해서 주어진 말씀이며(1:12), 회심 전 교회를 핍박하던 율법주의자 바울(1:13-14)은 모태에 있을 때 하나님께서 직접 택하셔서(1:15) 은혜로 말미암아 이방인의 사도가 되었다(1:16).
- 사도가 된 바울(1:17-24): 바울은 회심 이후 3년 만에 예루살렘에 올라가 교회 지도자들을 예방하고 15일간 베드로와 함께 지내면서 그들과 대등한 자격으로 교제를 나누었다. 그러므로 바울의 사도적 권위는 12사도들에게 의존하지 않으며, 또한 그들의 권위보다 열등하지도 않다.

③ 사도 바울이 전한 복음(2:1-21)

- 예루살렘 교회의 사도권 인정(2:1-10): 바울 자신이 전한 복음 내용을 공회에 제출했을 때 예루살렘 지도자들은 바울의 이방 전도를 액면 그대로 인정하였으며, 그가 이방인의 사도일뿐 아니라 그 사도권은 하나님께로부터 위임 받은 것임을 솔직히 인정해 주었다.
- 베드로의 외식에 대한 바울의 책망(2:11-14): 안디옥에서 이방인과 함께 식사하던 베드로는 율법주의적인 유대인들의 비난을 받을까 두려워 식사자리에서 슬그머니 피하였다(2:12). 이 사실을 지켜본 바울은 복음의 진리와

교회의 평화를 위해서 공개적으로 베드로를 책망했다(2:13-14).

- 이신득의(以信得義)의 복음(2:15-21) : 바울은 갈라디아 교인들에게 '율법의 행위로 사람이 의롭게 될 수 없으며 다만 그리스도를 믿음으로 의롭다함을 얻을 수 있다'는 복음의 핵심을 말한다(2:16).

(2) 복음의 설명(3:1-4:3)

① 경험적 논증(3:1-5)

- 갈라디아 교인이 성령을 받고 그 능력을 행한 것은 율법의 행위에 의해서 된 것이 아니라 믿음에 의해서 된 것이다(3:2,5).

② 성경적 논증(3:6-14)

- 아브라함의 신앙(3:6-9) : 유대인의 조상 아브라함이 의롭다 칭함을 받은 것은 그의 믿음에 의한 것이었다(3:6). 그러므로 믿음이 있는 자는 아브라함과 함께 복을 받는다(3:9).
- 율법의 저주(3:10-14) : 율법은 항상 지키지 않으면 하나님의 심판을 받게 되므로(3:10) 율법으로 말미암아 의롭게 되지 못함이 분명하다(3:11).

③ 논리적 논증(3:15-29)

- 약속과 율법(3:15-18) : 율법보다 430년(하나님께서 아브라

율법과 은혜의 비교

율법
행위를 요구함(3:10)
죄인들로 율법의 저주를 받게 함(3:10)
예수께로 인도하나 구원을 주지 못함(3:24)
죄인이 더 깊은 죄에 빠지지 않게 보호함(4:2)
죄인들을 구속하는 멍에가 됨(5:1)

은혜
믿음을 요구함(3:11-12)
그리스도 안에서 의롭다함을 얻게 함(2:16)
믿음으로 구원을 얻게 함(3:25-26)
하나님의 아들과 후사로서 복을 누리게 함(4:5-7)

함에게 언약을 주신 때로부터 시내 산에서 율법을 주시기까지의 기간) 전에 주신 하나님의 약속을 율법이 무효화 할 수 없다(3:17). 성도가 받은 유업은 율법에서 난 것이 아니라 바로 약속에서 난 것이다(3:18).

- 율법의 목적(3:19-25): 율법은 사람을 그리스도께 인도하는 초등교사가 되어 믿음으로 말미암아 의롭게 된다는 진리를 알게 한다(9:24).
- 그리스도 안에서의 하나 됨(3:26-29): 모든 사람이 믿음으로 그리스도 안에서 하나님의 아들이 되었으니(3:26) 모두 그리스도 안에서 하나이며(3:27) 아브라함의 자손이며 유업을 이을 자다(3:29).

④ 역사적 논증(4:1-11)

"너희가 아들이므로 하나님이 그 아들의 영을 우리 마음 가운데 보내사 아빠 아버지라 부르게 하셨느니라"(갈 4:6)

- 유업을 이을 자(4:1-7): 우리가 어렸을 때에는 세상의 초등학문 아래에 있어 종노릇하였으나, 그리스도께서 우리를 율법으로부터 속량하심으로 우리가 하나님의 아들이 되고 유업을 이을 자가 되었다.
- 역행에 대한 경고(4:8-11): 갈라디아 교인들이 이제 하나님을 알고 하나님이 아신 바 되었는데 다시 천한 초등학문(율법)으로 되돌아가 종노릇하려는 것에 대하여 바울은 경고한다(4:9).

⑤ 개인적 호소(4:12-20)

- 바울을 잘 영접했던 갈라디아 교인들은 바울이 그들에

게 참된 말을 하므로 도리어 그의 원수가 되었다(4:16). 그럼에도 불구하고 바울은 해산하는 고통으로 갈라디아 교인들이 그리스도의 형상을 이루게 하기 위해 수고한다(4:19).

⑥ **풍유적 논증**(4:21-31)

〈하갈과 사라의 비유를 통한 율법과 은혜의 관계〉

하 갈	사 라
율법(옛 언약)	은혜(새 언약)
시내 산	갈보리 산
종	자유자
지상의 예루살렘	천상의 예루살렘(참조. 히 12:18-24)
육체를 따라	거룩한 약속을 따라
종을 낳음(이스마엘은 종으로 태어남)	아들을 낳음(이삭은 자유로운 자로 태어남)
그들의 신분을 바꿀 능력이 없음	아들의 지위로 존귀를 받음
행위	믿음

(3) 복음의 적용(5:1-6:18)

① **멍에가 아닌 자유**(5:1-12)

- 그리스도께서 우리에게 자유를 주셨기 때문에(5:1), 만약 할례(율법)을 따르고 율법 안에서 의롭다함을 얻으려고 하면 그리스도와 끊어지게 된다(5:4). 그리스도 예수로 말미암는 구원은 오직 사랑으로 역사하는 믿음뿐이다(5:6). 그러므로 할례를 전하여 성도의 믿음을 약하게

육체의 일(갈 5:19-21)

음행 / 더러운 것 / 호색
우상숭배 / 술수 /
원수 맺기 / 분쟁 / 시기
분냄 / 당 짓기 / 분리함
이단 / 투기 /
술 취함 / 방탕함

성령의 열매(갈5:22-23)

사랑 / 희락 / 화평
오래 참음 / 자비 / 양선
충성 / 온유 / 절제

하는 자는 심판을 받을 것이다(5:10).

② **육체가 아닌 성령**(5:13-26)

- 자유의 올바른 사용(5:13-15): 그리스도께서 우리에게 자유를 주셨으나 그 자유로 육체의 기회를 삼지 말고 오직 사랑으로 서로에게 종노릇해야 한다(5:13). 모든 율법은 이웃을 사랑하는데서 이루어진다(5:14).
- 성령의 열매(5:16-26): 그리스도께서 주신 은혜를 옳게 사용하기 위해서는 성령을 좇아 행하여야 한다(5:16). 성령과 육체는 서로 대립되며(6:17), 성령의 인도하심을 따르면 율법 아래 있지 않게 된다(5:18).

"자기의 육체를 위하여 심는 자는 육체로부터 썩어질 것을 거두고 성령을 위하여 심는 자는 성령으로부터 영생을 거두리라 우리가 선을 행하되 낙심하지 말지니 포기하지 아니하면 때가 이르매 거두리라" (갈 6:8-9)

③ **그리스도의 법**(6:1-10)

- 바울은 성령의 사람들이 행하여야 할 바를 그리스도의 법인 섬김과 거둠의 법칙을 이용하여 설명한다.

섬김의 법칙(갈 6:1–5)	**거둠의 법칙**(갈 6:6–10)
– 죄를 범한 사람을 바로잡아 주라 – 짐을 서로 나누어지라 – 아무 것도 되지 못하고 된 줄로 생각하지 말라 – 각각 자기의 일을 살피라 – 각각 자기의 짐을 지라	– 말씀을 배우는 자는 가르치는 자와 모든 좋은 것을 함께 나누라 – 심은 대로 거둔다 – 선을 행하되 낙심하지 말라

④ **결론**(6:11-18)

- 바울은 율법과 예수 그리스도의 십자가 사이에서 단호히 십자가를 택하였으며, 주 예수 그리스도의 십자가 외

에는 자랑할 것이 없다고 다짐한다(6:14).

- 할례와 무할례는 아무것도 아니며 오직 중요한 것은 그리스도의 십자가를 통하여 나타난 하나님의 능력으로 새로 지으심을 받는 것이다(6:15).

갈라디아서의 적용과 실천

주님을 만나고 바울은 변하여 복음을 전파하였습니다. 주님을 만나게 된 이후로 변화 된 우리의 모습에는 어떤 것이 있습니까(1:23)?

성령의 열매는 무엇이며, 우리의 삶 속에 어떤 구체적인 성령의 열매를 맺고 있습니까(5:22-23)?

성령의 열매는 육체와 세상을 좇는 삶에는 결코 나타날 수 없습니다. 항상 말씀과 기도와 찬양으로 성령의 힘을 공급받을 때 끝까지 인내로써 자신과 세상의 유혹과 핍박을 이겨 낼 수 있습니다.

갈라디아서(1~6장) 읽기

주일	월	화	수	목	금	토
1:1-24	2:1-21	3:1-29	4:1-31	5:1-26	6:1-18	

에베소서

"그에게서 온 몸이 각 마디를 통하여 도움을 받으므로 연결되고 결합되어 각 지체의 분량대로 역사하여 그 몸을 자라게 하며 사랑 안에서 스스로 세우느니라" (엡 4:16)

기록목적 에베소 교회는 이방인 신자들과 유대인 신자들 사이의 분열 문제가 심각했다. 이에 사도 바울은 교회의 일치를 강조하면서 그리스도의 몸인 교회의 본질과 목적을 설명하고 그리스도의 몸 된 교회를 이루는 성도들이 하나님의 뜻을 이루기 위해 어떻게 생활해야 할 것인가를 권면하고 있다.

저　　자 사도 바울

특　　징
- 우주적인 규모로 펼쳐진 그리스도의 인격에 대한 가르침이 많이 나타난다.
- 그리스도를 머리로 하는 하나 된 교회에 대하여 강조한다. 교회(성도의 공동체)는 그리스도의 몸으로서, 그리스도를 그 머리로 하여 유대인이나 이방인이나 모든 신자들의 연합으로 이루어진다(4:1-6, 15-16).
- 다른 서신과 달리 바울의 목회 기도가 많이 나타나 있다(1:17-19; 3:14-21).

내·용·분·해

대분류	소분류	주요 내용
1. 그리스도의 몸된 교회 (1:1–6:24)	(1) 교회의 소명 (1:1–3:21) – 교리편	① 서론 ② 은혜에 의한 구원 ③ 교회론
	(2) 성도의 생활 (4:1–6:24) – 실천편	① 그리스도 교회의 일치 ② 그리스도인의 생활 ③ 그리스도인의 가정과 사회생활 ④ 그리스도인의 영적 전쟁

내·용·연·구

1. 그리스도의 몸된 교회(1:1-6:24)

"곧 창세 전에 그리스도 안에서 우리를 택하사 우리로 사랑 안에서 그 앞에 거룩하고 흠이 없게 하시려고"(엡 1:4)

(1) 교회의 소명(1:1-3:21) - 교리편

① 서론(1:1-23)

- 바울은 간단한 소개와 인사를 전한 후(1:1-2), 그리스도로 인한 삼위일체 하나님의 구원의 복음을 찬송한다.
- 하나님의 구원은 성삼위의 구체적이고도 독자적인 사역인 동시에 통일된 연합사역이다.

〈삼위일체 하나님의 복〉

성부의 복	성자의 복	성령의 복
· 우리를 자녀로 선택하심(1:4) · 우리를 자녀로 예정하심(1:5) · 우리를 자녀로 받아주심(1:6)	· 구속하심(1:7) · 죄를 사하여 주심(칭의) · 하나님의 뜻을 알게 하심(1:8–10) · 하나님의 기업이 되게하심(1:11)	· 복음을 듣고 믿게 하심 · 우리를 인치심(1:13) · 우리의 보장과 영원한 기업에 보증이 되심(1:13–14)

- 하나님의 복이 우리에게 주어졌다 해도 그것이 각자의 심령에 주관적으로 부딪히지 않으면 아무 의미가 없다. 이에 바울은 잠시 멈추어 하나님의 존재(1:15-17)와 성도의 특권(1:18-19), 교회의 본질(1:20-23)에 대하여 성도 각자에게 영적 통찰력이 주어지기를 간구한다.

"너희는 그 은혜에 의하여 믿음으로 말미암아 구원을 받았으니 이것은 너희에게서 난 것이 아니요 하나님의 선물이라 행위에서 난 것이 아니니 이는 누구든지 자랑하지 못하게 함이라" (엡 2:8-9)

② 은혜에 의한 구원(2:1-10)

- 구원 받기 전(2:1-3): 바울은 개인에 대한 하나님의 구원을 단계적으로 설명한다. 구원받기 전의 상태, 즉 죄 가운데 있었던 우리는 이 세상의 풍속을 따르며 공중의 권세 잡은 자를 따르는 자들로 날 때부터 진노의 자녀였다.
- 새로운 지위(2:4-6): 구원받기 전 죽었던 자요, 진노의 자녀였던 우리는 그리스도로 말미암아 구원을 받아 새로운 지위를 부여받았다.
- 하나님의 은혜(2:7-10): 구원은 전적으로 하나님의 사랑으로 시작되었으며, 하나님의 은혜로 이루어졌다. 하나님의 사랑과 은혜의 표현이 곧 그리스도의 속죄인 것이다.

③ 교회론(2:11-3:21)

- 바울은 구원받은 성도의 모임인 교회를 말한다. 이 교회론은 에베소서의 중심적인 교리로서 기독교의 교회론에 있어 결정적인 토대가 된다. 요약하면, '교회란 그리스도를 머리로 하여 유대인이나 이방인의 차이가 없이 한 몸이 되는 것' 이다.
- 교회의 통일(2:11-22): 이방인들은 하나님의 은혜를 입지 못한 비참한 상태에서 살았다(2:11-12). 그래서 선민 유대인은 그들을 경멸했다. 그러나 예수 그리스도의 화목의

십자가로(2:15-16) 유대인과의 장벽이 철폐되고, 그 결과 이방인과 유대인이 그리스도 안에서 하나가 되어 교회를 세우게 되었다(2:19-22).

- 교회의 비밀(3:1-13): 바울은 하나님께서 그리스도의 풍성한 은혜와 하나님 속에 감추어진 비밀을 어떻게 이방인에게 나타내셨으며, 또한 이들 이방인들을 어떻게 교회로 받아들였는지 말하고 있다.
- 하나님은 바울에게 은혜의 경륜으로 비밀을 알려주셨다. 그 비밀은 '그리스도' 이다(3:6). 예수 그리스도로 말미암아 이방인과 유대인이 하나가 되는 비밀이다. 즉, 그리스도의 속죄로 말미암아 유대인과 이방인 사이의 담이 없어지고 다같이 하나님 나라에 들어간다는 것은 그때까지 숨겨왔던 하나님의 비밀이었다. 이 비밀이 바울에게 계시되어 그는 이방인의 사도로서 부르심을 받게 되었다.
- 바울의 기도(3:14-21): 교회의 비밀에 대한 놀라운 진리를 이야기한 바울은 그 신비에 감격하여 무릎을 꿇고 기도한다.

(2) 성도의 생활(4:1-6:24) - 실천편

① 그리스도 교회의 일치(4:1-16)

- 교회생활에 관한 여러 가지 권면 중 그 첫째가 교회의

바울의 목회기도 내용

첫째 기도(엡 1:15-23)

- 하나님의 능력을 알도록
- 마음의 눈을 밝히사 알게 되도록
- 우리 위해 예비된 능력
- 그리스도 안에 있는 내 모습
- 지식의 강조

둘째 기도(엡 3:14-21)

- 그 능력을 삶 속에 실현되도록
- 빛의 실현을 위하여
- 아는 바를 현장화되게
- 우리 안에 역사하시는 능력
- 내 안에 역사하는 그리스도
- 사랑의 강조

일치에 대한 호소이다. 바울은 일치의 전제 조건으로 겸손과 온유, 인내와 용납의 덕을 지켜 하나 되어야 한다고 권면한다(4:2-3).

〈교회의 통일성과 다양성〉

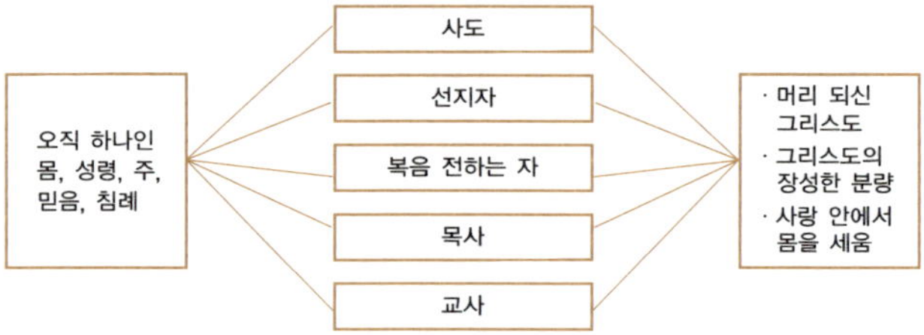

- 하나님께서 교회에게 주신 은사가 여러 가지인데, 그 각각 다른 은사들은 교회분열을 위한 것이 아니고, 서로 협조하여 통일을 이루는데 목적이 있다(참조. 롬 12:4-8; 고전 12:4-11).

옛 사람(엡 4:22)	새 사람(엡 4:24)
욕심을 따름	하나님을 따름
썩어져 가는 구습을 따름	의와 진리의 거룩함으로 지음 받음

빛의 열매(엡 5:8-9)

· 착함, 의로움, 진실함
➡ 빛은 자기의 열매를 드러내며 어둠을 향해 펴져 나간다.

어둠의 열매(엡 5:3)

· 음행, 더러움, 탐욕
➡ 어둠은 자기의 하는 일을 감추며, 빛이 나타날 때 반드시 어둠은 물러간다.

② 그리스도인의 생활(4:17-5:21)

- 새 사람으로서의 삶(4:17-32): 그리스도인은 옛사람의 어두운 생활을 끊고(4:17-19) 오직 심령이 새롭게 되어 하나님의 뜻을 따라 새사람의 생활을 하여야 한다(4:20-24).
- 빛의 자녀로서의 삶(5:1-21): 하나님께서는 독생자 예수 그리스도를 십자가에서 버리시기까지 우리를 사랑하셨다. 하나님의 사랑으로 하나님의 자녀가 된 우리는 예

수 그리스도를 본받아 사랑 가운데서 행하고 불신자의 죄악에서 떠나 빛 가운데로 행하여야 한다.

- 또한 바울은 빛의 자녀된 우리 그리스도인들에 대하여 "어떻게 행할 것인지 주의 깊게 살피라" 고 당부하며 몇 가지 행해야 할 바를 명령한다(5:15-18).

주의 명령	어떻게	왜
지혜롭게 행하라	정확한 통찰력으로 행동을 통제하라	세상이 악으로 가득 차 있기 때문이다.
세월을 아끼라	기회를 사는 것처럼 온전히 소유하라	
주의 뜻을 이해하라	주께서 계시한 말씀, 모범 등을 삶의 지침이 되게 하라	
성령충만을 받으라	영원한 기쁨, 깊은 통찰력, 내적 만족을 가지라	

③ 그리스도인의 가정과 사회생활(5:22-6:9)

구 분	교 훈
아내 → 남편	복종과 경외(5:22) –교회가 주께 하듯 아내가 남편에게 자발적으로 복종하라
남편 → 아내	희생적 사랑(5:25) – 교회가 그리스도의 몸인 것처럼 아내를 자기 몸처럼 사랑하라
자녀 → 부모	주 안에서 순종(6:1) – 주의 진리와 계명으로 알고 순종하고 공경하라
부모 → 자녀	주의 교훈과 훈계로 양육(6:4) – 영적 양식으로 먹이고 자녀들을 노엽게 하지마라
종 → 상전	성실한 마음으로 순종 (6:5) – 그리스도께 하듯 진심으로 섬겨라
상전 → 종	종들을 인격적으로 대우(6:9) – 하나님께서 우리 인격을 보고 자비와 사랑하심으로 대하듯 하라

④ 그리스도인의 영적 전쟁(6:10-24)

- 투쟁의 대상(6:11-12): 그리스도인은 일생동안 영적인 전

쟁을 하여야 한다. 그리스도인이 싸워야 할 대상은 바로 공중의 권세를 잡은 사탄이다.

- 투쟁의 준비(6:13-17): 바울은 우리가 사탄의 공격에 대항하고, 그런 공격 가운데서 하나님께 신실할 수 있기 위해 하나님의 모든 갑주를 사용하라고 우리에게 말한다.

갑주의 부분	용 도	그리스도의 속성
허리띠	진리	몸의 복잡한 전투복을 간단하게 매어줌 → 진리의 말씀을 말함
흉배	의	목에서 허리, 허벅지까지 보호하는 가죽과 구리로 된 무기 → 정직, 진실, 선한 삶
신	평안의 복음의 예비한 것	복음전파 위해 악의 세력 대항 → 평안의 복음의 준비된 상태
방패	믿음	적의 공격에 대한 위험을 선두에서 방어 → 그리스도의 능력을 의지하는 신뢰성
투구	구원	적의 공격으로부터 머리 방어 → 구원의 확신
검	성령, 하나님의 말씀	적을 공격하는 유일한 무기 → 성령으로 기록된 말씀을 말함

- 투쟁의 방법(6:18-20): 우리가 전신갑주로 무장한 후에는 이것을 입고 싸우기 위해 내적인 힘이 절대적으로 필요한데 그 힘은 기도와 간구로 얻어야 한다(1:18).
- 마지막 인사(6:21-24): 바울은 성도들에 대한 사랑과 위로가 담긴 편지를 가지고 가는 두기고를 소개하고 에베소 교인들을 축복하며 서신을 맺는다.

에베소서의 적용과 실천

하나님께서 우리를 구원하신 목적은 무엇입니까(1:6, 12, 14)?

오늘날 거짓 진리가 난무하는 이 세상을 승리하면서 살아갈 방법은 무엇입니까(6:13-17)?

성도의 책임은 예수 그리스도 안에서 하나님의 부르심에 합당하게 찬미와 영광을 돌리며 살아 가는 것입니다. 그것은 구습을 좇는 옛 사람을 벗어버리고 빛의 자녀답게 거룩함으로 행하는 것입니다.

에베소서(1~6장) 읽기

주일	월	화	수	목	금	토
1:1-23	2:1-10	2:11-3:21	4:1-16	4:17-5:21	5:22-6:9	6:10-24

빌립보서

"주 안에서 항상 기뻐하라 내가 다시 말하노니 기뻐하라" (빌 4:4)

기록목적 빌립보서는 바울이 옥중에 있을 때 빌립보 교인들이 바울에게 보내준 헌금에 대해 감사를 표하기 위해서 기록되었다. 또한 에바브로디도라는 충실한 주의 일꾼에 대해 이야기를 하고, 투옥되어 있는 자신의 상황이 결코 복음의 퇴보가 아님을 확언함으로써 그들의 생각과 마음에 염려를 버리고 항상 기뻐하도록 가르치기 위해 기록되었다.

저 자 사도 바울

특 징
- 빌립보 교인들을 향한 바울의 뜨거운 사랑이 나타나 있다.
- 다른 서신에서 자주 나타나는 책망이 적은 대신 '기쁨' 이라는 단어가 16번이나 등장할 만큼 기쁨을 강조하고 있다. 빌립보서 자체가 기쁨의 표현이다.

내·용·분·해

대분류	소분류	주요 내용
1. 그리스도인의 기뻐하는 삶 (1:1–4:23)	(1) 바울의 상황과 권고 – 개인적 권고(1:1–30)	① 바울의 간증
	(2) 성도의 삶 – 실제적인 교훈 (2:1–4:23)	① 성도의 생활 태도 ② 이단에 대한 경고 ③ 권면 ④ 결론

내·용·연·구

1. 그리스도인의 기뻐하는 삶(1:1-4:23)

"너희 안에서 착한 일을 시작하신 이가 그리스도 예수의 날까지 이루실 줄을 우리는 확신하노라"(빌 1:6)

(1) 바울의 상황과 권고(1:1-30) - 개인적인 교훈

① 바울의 간증(1:1-30)

- 바울이 이 글을 쓸 때는 옥중에 있을 때였다. 그는 감옥 중에서도 형제를 위하여 기도했고(1:3-4), 고난 속에서도 전도했고(1:13-14), 기뻐하고 감사했다. 특히 21절은 바울의 위대한 고백이요 신앙 간증이다. 즉, 그는 "이는 내게 사는 것이 그리스도니 죽는 것도 유익함이라" 고 담대히 말한다.
- 바울은 깊은 신앙을 간증한 후, 로마의 정치적인 박해와 유대인들의 거센 도전을 받고 있는 성도들에게 합당한 삶의 자세를 말하고 잘 싸워 이기기를 격려한다(1:27-30).

빌립보(Philippi)
'빌립보' 의 명칭은 알렉산더 대왕의 아버지인 마게도냐 왕 빌립 2세가 이 도시를 점령하고 확장한 후에 자신의 이름을 취하여 붙인데서 비롯됨

(2) 성도의 삶(2:1-4:23) - 실제적인 교훈

① 성도의 생활 태도(2:1-30)

- 겸손에 대한 권고(2:1-11): 바울은 빌립보 교인들에게 그리스도의 마음인 이해와 사랑과 겸손과 양보의 마음을 가질 것을 권고하며(2:2-4), 그리스도의 겸손을 언급한다(2:5-11). 그리스도께서 자신을 낮추시고 십자가를 지시

"아무 일에든지 다툼이나 허영으로 하지 말고 오직 겸손한 마음으로 각각 자기보다 남을 낫게 여기고 각각 자기 일을 돌볼뿐더러 또한 각각 다른 사람들의 일을 돌보아 나의 기쁨을 충만하게 하라" (빌 2:3-4)

예수그리스도의 겸손(빌 2:5-8)

- 하나님의 형상을 버리셨음
- 종의 형체를 취하심
- 사람과 같이 되심
- 자기를 낮추심
- 죽기까지 순종하심

에바브로디도(빌 2:25-30)
빌립보 교회의 지도자로 바울의 동역자로 사역했고 본 서신을 빌립보 교회에 전달한 사람

기까지 복종하신 것처럼 그리스도인들도 서로가 겸손하고 자기를 부정할 때 분열과 다툼이 사라진다.

- 겸손을 실천하는 그리스도인(2:12-18): 바울은 항상 복종하여 두렵고 떨림으로 구원을 이루라고 권면한다(2:12). 구원을 이루라는 말은 구원을 위해 노력하라는 말이 아니라 구원의 열매를 나타내 보여 더욱 거룩해지라는 의미이다(성화의 과정).
- 바울은 또한 모든 일 특히 주의 일을 원망과 시비가 없이 하며(2:14), 흠이 없는 생활을 하라고 당부한다(2:15).
- 디모데와 에바브로디도의 헌신(2:19-30): 바울은 주의 신실한 일꾼인 디모데를 빌립보 교회에 파송하여 그로 하여금 그 교회 성도들을 돌보아 주도록 배려하고 있다(2:19-24).
- 에바브로디도는 신앙과 수고와 영적 싸움에서 바울과 연합한 자였고 바울의 신실한 동역자였다. 바울은 에바브로디도를 다시 빌립보 교회에 환송함으로써 모든 성도들에게 평안과 기쁨을 주고자 했다.

② 이단에 대한 경고(3:1-21)

- 유대주의자들에 대한 경고(3:1-11): 바울은 육체의 할례와 율법적 행위 등 형식적인 행사를 중시하는 유대주의자들에 대해 경고하며, 성도들이 믿음으로 말미암아 마음에 할례를 받고 그리스도 중심의 삶을 살아갈 것을 권

고한다.

- 목표를 향한 달음질(3:12-16) : 모든 사람의 삶에는 하나님의 섭리가 있으며 우리의 일이란 그 섭리의 계획을 수행해 나가는 것뿐임을 가르쳐 주고 있다. 즉, 바울은 "푯대를 향하여 그리스도 예수 안에서 하나님이 위에서 부르신 부름의 상을 위하여 달려가노라" (3:14)고 자신의 목표를 분명히 밝히고 있다.
- 세속주의자들에 대한 경고(3:17-21) : 바울은 빌립보 교인들이 이 세상에 속한 것들만을 생각하는 자들을 따르지 말고 대신 "나를 본받으라" 고 부탁한다(3:19; 4:9). 이런 말을 하는 것은 바울이 교만하기 때문이 아니라, 자신이 아버지와 같은 역할을 수행해야 한다고 믿었기 때문이다.

빌립보교회
제2차 전도 여행(행15:40-18:22) 중에 로마군의 전초 기지인 각종 철학, 종교, 우상이 성행했던 빌립보에 이르러 자주색 옷감 장수인 루디아를 개종시키는 등 빌립보에 복음의 씨앗이 뿌려지고 교회가 세워지게 됨(행 16:11-40)

③ **권면**(4:1-9)

- 마음을 같이하라(4:1-3) : 바울은 빌립보 교회 초기부터 그의 동역자로 복음사역에 힘썼던 유오디아와 순두게의 다툼에 대해 합심하여 화목할 것을 당부하며(4:2), 교회지도자에게 분열의 문제를 해결하도록 지시한다(4:3).
- 주 안에서 기뻐하라(4:4-7) : 그리스도 안에서의 견고한 삶은 하나님의 평강과 기쁨이라는 상급으로 다가온다. 모든 걱정 근심을 초월할 수 있는 승리의 비결은 아무것도 염려하지 않는 대신 모든 일에 기뻐하고 기도하고 감

"아무 것도 염려하지 말고 다만 모든 일에 기도와 간구로, 너희 구할 것을 감사함으로 하나님께 아뢰라" (빌 4:6)

성도의 여덟가지 실천덕목 (빌 4:8-9)	
참되며	하나님의 속성
경건하며	교회의 지도자들에게 요구
옳으며	하나님으로부터 옳다 인정받음
정결하며	정숙, 순결
사랑할 만하며	즐겁고, 유쾌하며, 사랑스러운
칭찬할 만하며	정중한, 우아한, 고상한
덕	도덕적으로 뛰어남
기림	도덕적으로 인정되어 칭찬받음

사하는 데에 있다(4:4,6).

- 종합적 권면(4:8-9): 이어서 바울은 성도의 여덟 가지 실천덕목을 제시했다(4:8).

④ **결론**(4:10-23)

- 선물에 대한 감사(4:10-20): 바울은 마지막으로 빌립보 교인들이 보내 준 사랑의 연보에 대해 감사의 표시를 한다. 이 감사는 본서의 기록 동기이며 바울의 간증록이다.
- 바울은 어떠한 어려운 환경과 조건 속에서도 "내게 능력 주시는 자 안에서 내가 모든 것을 할 수 있으니라"(4:13)고 고백하며, 그의 능력의 근원을 그리스도께 둠으로써 복음 안에서 위대한 승리를 할 수 있었다.
- 바울이 빌립보교회의 도움에 대해 기뻐하는 이유(4:10)는 그가 궁핍할 때 도움을 받았기 때문만이 아니라(4:11-12) 그들이 기꺼이 자신의 고난에 동참하려고 한다는 사실 때문이다(4:17-18).

헌금의 의미 · 연보의 유익

헌금의 의미 - · 교회가 서로 한몸되는 정신을 깨우친다(4:14)
· 하나님의 사역에 참여하는 일이다(4:15)
· 은혜와 고난을 함께 나누는 일이다(4:16)

연보의 유익 - · 받는 자는 주는 자에게 과실이 번성하기를 빈다(4:17)
· 주는 자는 받는 자로부터 축복의 기도를 받는다(4:19)

- 문안과 축도(4:21-23) : 마지막으로 바울은 그리스도 예수와 연합하여 주께 헌신하며 성별된 생활을 해온 빌립보 교회의 모든 성도들에게 형제로서의 애정 어린 안부를 전한다.

빌립 보서의 적용과 실천

예수 그리스도께서는 하나님의 본체시나 자신을 낮추어 종의 모습으로 십자가에서 죽으시기까지 복종하셨습니다. 이러한 예수님의 모습을 어떻게 우리의 삶 속에 적용해야 합니까(2:5-8)?

어떠한 형편에든지 그리스도인들이 가져야 할 자세는 무엇입니까(4:11-13)?

성육신과 십자가에서 죽으심으로 가장 큰 겸손의 본이 되신 예수 그리스도의 마음처럼 그리스도인의 삶 속에 이러한 겸손한 마음을 가짐으로 서로 하나되어 사랑으로 권면하는 것이 기쁨을 충만하게 하는 것입니다.

빌립 보서(1~4장) 읽기

주일	월	화	수	목	금	토
1:1-11	1:11-30	2:1-18	2:19-30	3:1-21	4:1-9	4:10-23

골로새서

"그는 몸인 교회의 머리시라 그가 근본이시요 죽은 자들 가운데서 먼저 나신 이시니
이는 친히 만물의 으뜸이 되려 하심이요"(골 1:18)

기록목적 골로새서는 골로새 교회에 침투한 이단들로 인하여 기록되었다. 골로새 교회에 있었던 거짓된 견해들과 그릇된 행위들, 이들 중에는 유대주의적 율법주의-할례(2:11; 3:11), 종교의식(2:14), 음식과 안식일(2:16), 엄격한 금욕주의(2:16,20-23), 천사숭배(2:18), 인간의 지식에 대한 찬양과 숭배(2:8)가 있었다. 사도 바울은 예수 그리스도의 인격과 사역에 대한 진리만을 순수하게 증거함으로써 이러한 이단들에게 적극적으로 경고를 주고, 교회는 그리스도의 몸이요 우리는 그리스도 안에서 충만해질 수 있음을 알게 하기 위하여 골로새서를 기록하였다.

저　　자 사도 바울

특　　징 – 골로새서는 에베소서와 함께 그리스도와 교회와의 관계를 말하고 있다.
– 에베소서와 골로새서는 모두 복음의 위대한 교리가 내포되어 있는 책으로 당시 교회에서 크게 낭독되었다고 한다.

내·용·분·해

대분류	소분류	주요 내용
1. 만유의 주이신 그리스도 (1:1–4:18)	(1) 참된 교리 (1:1–2:7)	① 서론 ② 그리스도의 인격과 사역 ③ 그리스도의 일꾼 바울
	(2) 거짓 교리 (2:8–3:4)	① 영지주의 ② 율법주의 ③ 신비주의 ④ 금욕주의
	(3) 그리스도인의 생활 (3:5–4:18)	① 그리스도인의 내면 생활 ② 그리스도인의 외면 생활 ③ 결론

내·용·연·구

1. 만유의 주이신 그리스도(1:1-4:18)

"그는 몸인 교회의 머리시라 그가 근본이시오 죽은 자들 가운데서 먼저 나신 이시니 이는 친히 만물의 으뜸이 되려 하심이요"(골 1:18)

(1) 참된 교리(1:1-2:7)

① 서론(1:1-12)

- 골로새를 방문한 적이 없는 바울은 그들의 신실한 종 에바브라를 통해 복음을 듣고 배우며(1:5-7) 그리스도 안에서 신실한 자들(1:6,8)이 된 골로새 성도들에 대해 듣고 그리스도께서 그들의 삶 가운데 이루어 놓으신 일들에 대해서 감사하며 그들을 위해 기도한다(1:9-12).
- 바울이 골로새 교회를 위해 드린 이 기도는 그가 교회를 위해 드린 네 개의 아름다운 기도(엡 1:16-19; 3:14-19; 빌 1:9-11) 중 하나이다.

골로새(Colosse)
골로새는 로마의 속주인 브루기아 도의 한 도시로 소아시아 서남쪽의 류커스 계곡에 위치해 있음

② 그리스도의 인격과 사역(1:13-23)

본성	신성	먼저 나신 이(1:15), 창조주(1:16)
	인성	하나님의 형상(1:15), 육체(1:22)
신분	세상	주권자(1:16), 만물의 으뜸(1:18)
	교회	머리(1:18)
사역	하나님과 인간의 중보자	화목(1:20)

"그러므로 너희가 그리스도 예수를 주로 받았으니 그 안에서 행하되 그 안에 뿌리를 박으며 세움을 받아 교훈을 받은 대로 믿음에 굳게 서서 감사함을 넘치게 하라" (골 2:6-7)

골로새 교회의 이단들
교묘한 말(4절)
철학(8절)
사람의 전통(8절)
율법주의(16절)
우상숭배(18절)
금욕주의(20-21절)

③ 그리스도의 일꾼 바울(1:24-2:7)

- 사명(1:24-2:5) : 바울은 자기 자신을 교회의 일꾼이라고 묘사한다(2:25). 바울의 사명은 "만세와 만대로부터 감추어졌던 비밀" (1:26)을 선포하는 일이다. 이 비밀은 바로 그리스도이며 특별히 이방인들 가운데서 그리스도와 연합된 자들을 하나님의 백성 안에 포함시키려는 하나님의 계획을 가리킨다(1:27).
- 바울은 그의 모든 사역을 그리스도께서 주시는 능력으로 행하였다고 고백하며(1:28), 그리스도께서는 "하나님의 숨겨진 모든 지혜와 지식의 보화를 여는 열쇠" (2:3)라고 말한다.
- 권면(2:6-7) : 바울은 성도들에게 참된 비밀이 되시며 완전한 지혜가 있으신 그리스도 예수 안에서 행하고 뿌리를 박으라고 권면한다.

(2) 거짓 교리(2:8-3:4)

① 영지주의(2:8-10)

- 바울은 거짓 교사가 성도들을 세상의 유전과 초등학문의 헛된 속임수와 철학으로 현혹할 것을 염려했다. 이것은 하나님께로 인도하지 않는 헛된 속임수에 불과하므로 이로 인해 길을 잃지 말라고 권면한다.
- 당시 영지주의는 그리스도를 천사로 격하시켰으며 그

리스도의 몸은 단지 그렇게 보였을 뿐 실제가 아니라고 주장했다. 이에 바울은 "그리스도는 완전한 신이시며 완전한 인간"이라고 확증한다.

② **율법주의**(2:11-17)

- 율법주의는 율법을 최우선으로 하여 형식적인 율법 준수와 절기를 강조했다. 하지만 인간은 율법이 요구하는 모든 규율을 다 지킬 수 없으므로 모두 죄인일 수밖에 없다.
- 예수님께서는 우리의 죄뿐만 아니라 율법을 십자가로 가져가 그것들을 못 박아 버리심으로 율법의 요구를 성취하셨다. 그러므로 믿는 자는 먹고 마시는 것과 절기에 대한 율법적인 규율로부터 자유함을 얻게 되었다.

③ **신비주의**(2:18-19)

- 당시 겸손을 자랑했던 거짓 교사들은 인간의 능력으로는 하나님을 이해할 수 없기 때문에 천사들이나 천국에 있는 성자들을 통해 하나님을 경배해야 하며 하나님의 말씀이나 성령을 완전히 떠나서도 영의 세계를 경험할 수 있다고 생각했다. 이들은 그리스도를 의지하지 않고 자신의 주관적인 체험을 따른 것이다.
- 하나님의 아들이신 예수 그리스도를 제외한 다른 경로를 통해 하나님 아버지께 나아가고자 하는 것은 우상숭배이다. 예수 그리스도께서는 하나님과 사람 사이의 유

골로새서와 에베소서의 차이점

골로새서	에베소서
예수 그리스도와 우주	예수 그리스도와 교회
교회의 머리이신 예수 그리스도를 강조	예수 그리스도의 몸인 교회를 강조
지역적임	광범위함
이단과의 직접적인 투쟁	이단과의 간접적인 투쟁
강하고 돌진적인 표현	조용한 표현

일하신 중보자이시기 때문이다(참조. 요 14:6; 딤전 2:5).

④ **금욕주의(2:20-3:4)**

- 금욕주의자들은 더욱 영적인 사람이 되기 위해서 가혹한 자기 부인과 고행을 실천한다. 그들은 자신의 몸을 훈련시킴으로써 그 영혼이 거룩해지기를 원했는데 만일 이 거짓 교사들에게 복종하고, 그들의 시시한 규례들을 따른다면 우리는 인간의 교훈과 가르침을 좇고 있는 것이 된다(2:22).
- 금욕주의는 세상의 초등 학문과 관계있으며(2:20) 천국의 부요함과는 관계가 없다. 그리고 이러한 규율들은 하나님께로부터 온 것이 아닌 사람들이 고안해 낸 것들이다.
- 바울은 이러한 거짓 교사들을 따르지 말고, "그리스도와 함께 다시 살리심을 받았으면 위의 것을 찾고, 너희의 마음을 위의 것에 두라"(3:1-2)고 권면한다.

골로새 교회
바울의 제자이자 동역자인 에바브라가 골로새 교회를 개척하였다(골 4:12-13).

(3) 그리스도인의 생활(3:5-4:18)

① **그리스도인의 내면생활(3:5-3:17)**

- 옛 생활(3:5-11): 그리스도인이 버려야 할 옛 생활은 다음과 같다.

요 소	원 인	요 소	결 과
음란	부정한 생각	분함	마귀에 잡힘
부정	사욕, 악한 정욕	노여움	악의를 일으킴
		악의	비방, 중상모략
탐심(우상숭배)	욕심	부끄러운 말	영혼의 오염
		거짓말	위선

- 바울은 참된 그리스도인의 신앙생활을 위해 첫째, 그리스도의 평강으로 마음을 지배하여 다른 그리스도인과 평강을 유지하고 둘째, 그리스도의 말씀이 삶 속에 풍성히 살아있게 하고 셋째, 무슨 일을 하든지 주 예수 그리스도의 이름으로 하라고 권면한다.

② **그리스도인의 외면생활**(3:18-4:6)

- 새 사람의 인간관계(3:18-4:1): 그리스도 안에 있는 새 사람이 마땅히 가져야 할 인간관계에 관한 교훈이다.

새 생활(골 3:12-17)

긍휼, 자비, 겸손, 온유
오래 참음, 용납, 용서

\+

사랑

"누가 누구에게 불만이 있거든 서로 용납하여 피차 용서하되 주께서 너희를 용서하신 것 같이 너희도 그리하고 이 모든 것 위에 사랑을 더하라 이는 온전하게 매는 띠니라" (골 3:13-14)

관 계		올바른 생활	
		내 용	이 유
부부	아내	남편에게 복종	창조의 질서, 신성의 질서
	남편	아내를 사랑	교회에 대한 그리스도의 사랑
부자	자녀	부모에게 순종	구약 : 불순종은 하나님께 반역 신약 : 예수님의 모본
	부모	자녀들을 괴롭히지 않음	불합리한 요구 삼가 자녀가 낙심하지 않게 함
주종	종	주께 하듯 순종	모든 성도는 주되신 그리스도를 섬김
	상전	의와 공평을 베풂	공평하신 주님

- 새 사람의 기도생활(4:2-6): 바울은 골로새 교회 성도들에게 늘 깨어 기도하라고 권면하면서 그리스도의 비밀을 나타낼 수 있도록 자기와 동역자들을 위해 기도해 줄 것을 부탁한다(4:2-4). 불신자들에 대해 지혜 있는 태도를 취하며, 모든 기회마다 최선을 다할 것을 권면한다(4:5).

③ **결론**(4:7-18)

"기도를 계속하고 기도에 감사함으로 깨어 있으라" (골 4:2)

- 바울은 이 편지를 골로새로 가지고 가는 두기고와 오네시모를 칭찬하며 추천한 후(4:7-9), 여섯 명의 동료들(아리스다고, 바나바의 조카 마가, 유스도라 불리는 예수, 에바브라, 이방인이었던 누가와 데마)의 문안인사를 전한다(4:10-17).
- 마지막으로 바울은 골로새 교회가 자신의 고난을 기억하며 분발할 것을 권유하고 축도하며 서신을 끝맺는다.

골로새서의 적용과 실천

우리의 생활 속에 기쁨과 감사가 넘쳐나기 위해 뿌리를 내려야 하는 곳은 어디 입니까(2:7)?

옛사람을 벗고 성도가 갖추어야 할 성품의 덕목은 무엇입니까(3:12-17)?

성도의 모든 신앙과 행동의 중심은 창조주이며 구속자이신 예수그리스도이십니다. 우리는그리스도와 함께 다시 살리심을 받았으니 옛 사람을 벗고 새 사람을 입어 모든 관계에서 거룩함을 나타내야 합니다.

골로새서(1~4장) 읽기

주일	월	화	수	목	금	토
1:1-12	1:13-23	1:24-2:7	2:8-23	3:1-17	3:18-4:6	4:7-18

데살로니가전서

"항상 기뻐하라 쉬지 말고 기도하라 범사에 감사하라
이것이 그리스도 예수 안에서 너희를 향하신 하나님의 뜻이니라"(살전 5:16-18)

기록목적 데살로니가전서는 박해 가운데서도 믿음에 바로 서기 위해 노력하는 데살로니가 교인들을 칭찬하고 격려하고, 그리스도의 재림에 관한 올바른 교훈으로 바르게 양육하기 위하여 기록되었다.

저 자 사도 바울

특 징
- 다른 서신들에 비해 교리적인 내용은 적은 반면, 교회와 성도들을 향한 바울의 애정 어린 권고와 실천적인 내용이 많다.
- '바울의 계시록' 이라고 말할 정도로 종말(재림의 징조)에 관한 구체적인 언급이 많다.
- 본서를 통해 초대교회 성도들의 신앙의 중심에는 예수 그리스도의 재림에 대 한 소망이 있었음을 알 수 있다.

내·용·분·해

대분류	소분류	주요 내용
1. 칭찬과 격려 (1:1-3:13)	(1) 칭찬받는 교회 (1:1-10)	① 인사 ② 바울의 감사 ③ 복음전파의 특징 ④ 바울의 칭찬
	(2) 복음전파 상황과 소망 (2:1-20)	① 복음을 전한 바울의 자세 ② 받아들여진 복음 ③ 방문 차질과 소망
	(3) 디모데를 파송한 바울 (3:1-13)	① 디모데의 파송 목적 ② 디모데가 전한 소식과 반응 ③ 바울의 중보기도
2. 교훈과 권면 (4:1-5:28)	(1) 도덕적 교훈 (4:1-12)	① 거룩하라 ② 더욱 사랑하라 ③ 일하기를 힘쓰라
	(2) 교리적 교훈 (4:13-5:11)	① 재림과 부활 ② 재림과 준비
	(3) 생활적 교훈(5:12-22)	① 교회생활 ② 개인 신앙생활
	(4) 맺음말(5:23-28)	① 부탁과 축도

내·용·연·구

1. 칭찬과 격려(1:1-3:13)

(1) 칭찬받는 교회(1:1-10)

① 인사말(1:1)

- 사도 바울은 실루아노와 디모데와 함께 데살로니가 교회에 편지하며 "은혜와 평강"을 기원한다.

② 바울의 감사(1:2-3)

- 바울은 실루아노와 디모데와 더불어 데살로니가 교회 성도들이 믿음의 역사와 사랑의 수고와 그리스도에 대한 소망의 인내를 가지고 있음을 감사하며 기도한다.

③ 복음전파의 특징(1:4-5)

- 데살로니가 교회 성도들은 하나님의 사랑하심을 받고 택하심을 입었는데 그들은 "능력과 성령과 큰 확신"을 통해 복음을 받아들였다.

④ 바울의 칭찬(1:6-10)

- 그들은 "마게도냐와 아가야에 있는 모든 믿는 자의 본"이 되었으며, 그들의 믿음의 소문이 각처에 퍼지게 되었다(1:8-10).
- 데살로니가 교인들은 우상을 버리고 살아 계시고 참되신 하나님을 섬기며, 부활하신 예수 그리스도께서 강림

데살로니가 교회의 모범 (살전 1:3-10)
믿음의 역사와 사랑의 수고
소망의 인내를 끊임없이 기억
환난 가운데 주를 본받음
믿음의 본을 보임
우상을 버림
주의 강림을 기다림

하실 것을 기다렸다.

(2) 복음전파 상황과 소망(2:1-20)

① 복음을 전한 바울의 자세(2:1-12)

- 바울은 빌립보에서 고난과 능욕을 당하였으나 하나님을 힘입어 복음을 전하였으며, 복음을 전할 때에 간사함이나 부정, 속임수로 한 것이 아니라 오직 하나님을 기쁘시게 하려 했다.
- 그는 사람에게서 영광을 구하지 않고 성도들을 사모하여 목숨까지도 그들에게 주기를 기뻐하였다.
- 바울이 거룩하고 옳고 흠 없이 행하여 아버지가 자기 자녀에게 하듯 성도들을 권면하고 위로하고 징계한 것은 그들로 하나님의 뜻에 합당하게 행하게 하려 한 것이다.

② 받아들여진 복음(2:13-16)

- 바울은 데살로니가 교인들이 하나님의 말씀을 받을 때에 사람의 말로 받지 아니하고, 유대에 있는 하나님의 교회들을 본받아 동족의 박해를 믿음으로 끝까지 지킨 것을 감사한다.

③ 방문 차질과 소망(2:17-20)

- 바울과 동역자들이 한번 두번 데살로니가에 가고자 하였으나 사탄이 막아 가지 못하였다.
- 바울과 동역자들의 '영광과 기쁨' 인 성도들은 바울과

성도가 받을 면류관
- 소망의 면류관(살전 2:19)
- 기쁨의 면류관(살전 2:19)
- 의의 면류관(딤후 4:8)
- 생명의 면류관(약 1:12)
- 영광의 면류관(벧전 5:4)

동역자들의 소망과 기쁨과 자랑의 면류관이다.

(3) 디모데를 파송한 바울(3:1-13)

① 디모데의 파송 목적(3:1-5)

- 바울은 데살로니가 성도들을 굳건하게 하며 그들의 믿음에 대하여 위로함으로써, 미리 말했던 장차 받을 여러 환난 중에 아무도 흔들리지 않게 하기 위해 디모데를 그들에게 보냈다.

② 디모데가 전한 소식과 반응(3:6-10)

소식(살전 3:6)	반응(살전 3:7-10)
· 성도들의 믿음과 사랑의 기쁜 소식 · 성도들이 바울과 동역자들을 간절히 보고 싶어 한다는 소식	· 바울과 동역자들은 궁핍과 환난 중에도 성도들의 주 안에 굳게 선 믿음으로 말미암아 위로를 받아 기뻐하고 감사함 · 성도들의 믿음이 부족한 것을 보충하려고 성도들 보기를 주야로 심히 간구함

③ 바울의 중보기도(3:11-13)

- 바울은 자신과 동역자들이 데살로니가 교회의 성도들에게 가는 것과 성도들 피차간과 모든 사람에 대한 사랑이 더욱 많아 넘치게 하실 것을 기도한다.
- 그는 성도들의 마음을 굳건하게 하여 성도들이 우리 주 예수께서 강림하실 때에 하나님 아버지 앞에서 거룩함에 흠이 없기를 바란다.

사단이 훼방하는 것
(살전 3:5)
- 믿음을 훼방함
- 주님의 몸된 교회를 훼방함
- 복음 전파를 훼방함

2. 교훈과 권면(4:1-5:28)

(1) 도덕적 교훈(4:1-12)

① 거룩하라(4:1-8)

- 성도들은 바울과 동역자들에게 배운 대로 하나님을 기쁘시게 하도록 하나님의 뜻인 거룩함을 위하여 더욱 힘써야 한다.
- 거룩함을 저버리는 자는 우리를 거룩하게 하시려고 부르시고 그의 성령을 주신 하나님을 저버리는 것이다.

거룩하라(살전 4:1-8)
- 음란을 버리라
- 거룩과 존귀함으로 아내를 대하라
- 색욕을 따르지 말라
- 형제를 해하지 말라

③ 더욱 사랑하라(4:9-10)

- 바울은 하나님의 가르침을 받아 서로 사랑하고 마게도냐 모든 형제들에게도 사랑을 베푸는 데살로니가 성도들을 칭찬한다.

④ 일하기를 힘쓰라(4:11-12)

- 성도들은 외인에 대하여 단정히 행하고 아무 궁핍함이 없도록 해야 한다.

(2) 교리적 교훈(4:13-5:11)

① 재림과 부활(4:13-18)

주께서 하늘로부터 강림하실 때(살전 4:14-17)	재림에 대한 태도(살전 4:13,18)
· 예수 안에서 자는 자들이 먼저 일어남 · 살아남아 있는 자들도 그들과 함께 공중에서 주를 영접함 · 항상 주와 함께 있게 됨	· 예수 안에서 자는 자들에 관하여는 소망없는 다른 이와 같이 슬퍼하지 말라. · 이러한 말로 서로 위로하라.

② **재림과 준비**(5:1-11)

- 주의 재림의 때와 시기(5:1-5)

어둠에 있는 자들	성도들
평안하다, 안전하다 할 그 때에 – 밤에 도둑같이 임함 – 임신한 여자에게 해산의 고통이 이름과 같이 갑자기 이르는 멸망을 결코 피하지 못함	빛의 아들이요, 낮의 아들이므로 그날이 도둑같이 임하지 못함

- 재림에 대한 준비(5:6-11)
  - 깨어 정신을 차리라.
  - 믿음과 사랑의 호심경을 붙이라.
  - 구원의 소망을 투구를 쓰라.
  - 피차 권면하라.
  - 서로 덕을 세우라.

(3) 생활적 교훈(5:12-22)

① **교회생활**(5:12-15)

- 바울은 교회 지도자들과 성도들과 각 부류의 사람들이

서로에게 가져야 할 의무에 대하여 권면한다.

대 상	의 무
목회자가 성도에 대해(5:12)	수고하고 다스리고 권해야 함
성도가 목회자에 대해(5:12-13)	알고 가장 귀히 여기며 화목해야 함
게으른 자들에 대해(5:14)	권계해야 함
마음이 약한 자들에 대해(5:14)	격려해야 함
힘이 없는 자들에 대해(5:14)	붙들어 주어야 함
모든 사람에 대해(5:14-15)	오래 참고 악으로 악을 갚지 말며 선을 따라야 함

② **개인 신앙생활**(5:16-22)

바울은 성도 개인의 올바른 신앙생활에 대하여 권면 한다.

하나님의 뜻 (5:16-18)	항상 기뻐하라(5:16)
	쉬지 말고 기도하라(5:17)
	범사에 감사하라(5:18)
성령 충만한 삶 (5:19-22)	성령을 소멸하지 말라(5:19)
	예언을 멸시하지 말라(5:20)
	범사에 좋은 것을 취하라(5:21)
	어떤 모양이라도 악을 버려라(5:22)

(4) 맺음말(5:23-28)

① **부탁과 축도**(5:23-28)

- 평강의 하나님께서 성도들을 온전히 거룩하게 하시기

를 원한다.

- 예수 그리스도께서 강림하실 때에 그들의 온 영과 혼과 몸이 흠 없게 보존되기를 원한다.
- 주 예수 그리스도의 은혜가 있기를 기원한다.

부탁(살전 5:25-27)	기원 및 축도(살전 5:23-24, 28)
· 바울과 동역자들을 위하여 기도하라 · 모든 형제에게 문안하라 · 모든 형제에게 편지를 읽어 주라	· 평강의 하나님께서 성도들을 온전히 거룩하게 하시기를 원한다 · 예수 그리스도께서 강림하실 때에 그들의 온 영과 혼과 몸이 흠 없게 보존되기를 원한다 · 주 예수 그리스도의 은혜가 있기를 기원한다

데살로니가전서의 적용과 실천

우리가 참되신 하나님을 온전히 섬기기 위해서 최우선적으로 버려야 할 '나의 우상'은 무엇입니까(1:9)?

바울은 복음 전파의 과정 속에서 언행일치의 본을 보여주었습니다. 우리가 복음 전도자로서 생활 가운데 가져야 할 결심은 무엇입니까(2:10)?

하나님의 자녀인 성도는 어떠한 어려운 상황에서도 좌절하지 말고 기뻐해야 합니다. 왜냐하면 하늘나라의 소망을 지니고 있는 자들이기 때문입니다. 이러한 복된 소망을 가지고 현실에서 믿음과 사랑과 소망 가운데 주를 위해 사는 삶이 복된 삶입니다.

데살로니가전서(1~5장) 읽기

주일	월	화	수	목	금	토
1:1-10	2:1-20	3:1-13	4:1-12	4:13-5:11	5:12-28	

데살로니가후서

"누가 어떻게 하여도 너희가 미혹되지 말라 먼저 배교하는 일이 있고
저 불법의 사람 곧 멸망의 아들이 나타나기 전에는 그 날이 이르지 아니하리니" (살후 2:3)

기록목적 데살로니가전서를 기록한 이후에도 데살로니가에 만연한 거짓된 교훈과 잘못된 생활태도를 바로잡기 위함이다.

저　자 사도 바울

특　징 – 본 서신은 종말론적인 내용을 주로 다루고 있다.
– 데살로니가전서가 교인들을 사랑으로 위로하는 애정이 넘치는 편지라고 한다면, 데살로니가후서는 교훈적으로 경고하는 엄격한 편지라고 할 수 있다.

내·용·분·해

대분류	소분류	주요 내용
1. 재림에 대한 올바른 태도 (1:1–3:18)	(1) 박해와 격려 (1:1–12)	① 인사 ② 감사와 칭찬 ③ 고난의 의미와 공의로운 심판 ④ 바울의 중보기도
	(2) 종말에 대한 교훈 (2:1–17)	① 종말에 대한 바른 태도 ② 주의 날의 징조 ③ 불법의 사람 ④ 바울의 권면과 중보기도
	(3) 실천적 교훈 (3:1–18)	① 바울의 기도요청과 중보기도 ② 올바른 생활을 위한 권고 ③ 문안과 축도

내·용·연·구

1. 재림에 대한 올바른 태도(1:1-3:18)

(1) 박해와 격려(1:1-12)

① 인사(1:1-2)

- 바울과 실루아노와 디모데는 하나님 아버지와 예수 그리스도로부터 은혜와 평강이 데살로니가 교회 성도들에게 있기를 기원한다.

② 감사와 칭찬(1:3-4)

- 바울은 데살로니가 교회 성도들의 믿음이 더욱 자라고 서로 간의 사랑이 풍성함을 감사하며, 그들이 모든 박해와 환난을 인내와 믿음으로 견디고 있는 것을 여러 교회에서 자랑한다.

③ 고난의 의미와 공의로운 심판(1:5-10)

- 하나님께서는 성도들이 하나님 나라에 합당한 자로 여김을 받게 하시려고 그들에게 고난을 주신다.
- 환난을 받게 하는 자들에게는 환난으로 갚으시고, 환난을 받는 자들에게는 안식을 주신다.
- 하나님을 모르고 복음에 불순종하는 자들은 영원한 멸망의 형벌을 받게 된다.

주님의 영광을 얻으려면
(살후 1:11-12)
- 주의 복음에 순종해야 함
- 주의 부르심에 합당하게 행해야 함
- 주님께 먼저 영광 돌려야 함

④ **바울의 중보기도**(1:11-12)

- 바울은 데살로니가 교인들을 합당한자로 여기시고 모든 선을 기뻐함과 믿음의 역사를 능력으로 이루게 하시며, 우리 주 예수의 이름이 성도들 가운데서 영광을 받도록 기도한다.

사단이 미혹하는 방법 (살후 2:1-2)
영으로 미혹함
말로 미혹함
성경으로 미혹함

(2) 종말에 대한 교훈(2:1-17)

① **종말에 대한 바른 태도**(2:1-2)

- 바울은 예수 그리스도의 강림과 성도들이 그 앞에 모임(휴거)에 관하여 영으로나 말로나 편지로 "주의 날이 이르렀다" 고 해서 쉽게 흔들리거나 두려워하지 말라고 권면한다.

② **주의 날의 징조**(2:3)

- 배교하는 일이 있으며, 불법의 사람, 곧 멸망의 아들이 나타난다.

③ **불법의 사람**(2:4-12)

- 불법의 사람은 하나님을 대적하는 자로 자기를 높이고 하나님의 성전에 앉아 자기를 하나님이라고 내세운다.
- 불법의 비밀이 이미 활동하였으나 지금은 그것을 막는 자가 있다.
- 주 예수께서 강림하여 나타나심으로 불법한 자를 죽이시고 폐하실 것이다.

- 악한 자(불법의 사람)는 사탄의 활동을 따라 모든 능력과 표적과 거짓 기적과 불의의 모든 속임으로 멸망하는 자들에게 나타난다.
- 하나님께서 멸망하는 자들에게 거짓 것을 믿게 하심은 진리를 믿지 않고 불의를 좋아하는 그들을 심판하시기 위함이다.

④ 바울의 권면과 중보기도(2:13-17)

- 바울은 성도들을 택하사 성령으로 거룩하게 하시고 진리를 믿음으로 구원받게 하시고, 이를 위하여 복음으로 부르셔서 예수 그리스도의 영광을 얻게 하시는 하나님께 감사한다.
- 바울은 데살로니가 교인들이 자신에게 배운 전통을 지키고 마음에 위로를 얻으며, 모든 선한 일과 말에 굳건하게 되기를 하나님께 기도한다.

(3) 실천적 교훈(3:1-18)

① 바울의 기도요청과 중보기도(3:1-5)

- 바울은 주의 말씀이 데살로니가 교회 성도들 가운데서와 같이 퍼져 나가 영광스럽게 되고, 바울과 동역자들이 부당하고 악한 사람들에게서 건짐을 받도록 하나님께 기도 드릴 것을 그들에게 요청한다.
- 바울은 자신과 동역자들이 명한 것을 행하도록 성도들

불법의 사람(살후 2:3)
'불법의 사람' 과 '멸망의 아들' 은 동의어로서 하나님께 대적하는 죄의 세력의 지도자로서 마지막 때에 나타날 '적그리스도' 와 동일한 인물을 가리킴

사귀지 말아야 하는 자
(살후 3:1-14)
- 악한 자
- 일하지 않는 자
- 말씀에 순종하지 않는 자

을 굳건하게 하시고 악한 자에게서 지키실 미쁘신 주께서, 그들의 마음을 인도하여 하나님의 사랑과 그리스도의 인내에 들어가게 하시기를 중보기도 한다.

② **올바른 생활을 위한 권고**(3:6-15)

- 바울은 그리스도께서 곧 재림할 것으로 믿고 일을 하지 않는 사람들에 대해 권고한다.
  - 게으르고 전통대로 행하지 아니하는 모든 형제에게서 떠나라(3:6).
  - 수고하고 애써 주야로 일하는 바울 자신과 동역자들을 본받으라(3:7-9).
  - 일하지 아니하고 일을 만들기만 하는 자들은 조용히 일하여 자기 양식을 먹으라(3:10-12).
  - 선을 행하다가 낙심하지 말라(3:13).
  - 말씀을 순종하지 아니하는 사람을 사귀지 말고 그로 하여금 부끄럽게 하지만, 그에게 원수가 아닌 형제같이 권면하라(3:14).

선을 행하는 자세(살후 3:13)
하나님을 의지함(시 37:3)
은밀하게 행함(마 6:3)
모든 사람들에게 행함 (살전 5:15)
낙심하지 않음(살후 3:13)
준비된 마음으로 함(딛 3:1)

③ **문안과 축도**(3:16-18)

- 평강의 주께서 언제나 성도들에게 평강을 주시고 그들과 함께 하시며, 우리 주 예수 그리스도의 은혜가 그들과 함께 있기를 기도한다.

데살로니가후서의 적용과 실천

하나님께서는 우리를 거룩한 자로 부르셨습니다. 이 부르심에 합당하게 생활하고 있습니까(1:11)?

나의 삶속에서 가장 위로가 되고 소망이 되는 말씀은 무엇입니까(2:16)?

하나님의 자녀인 성도는 주의 재림을 기다리며 경건하고 이웃 사랑을 실천하며 살아야 합니다. 이것이 하나님께서 기뻐하시는 삶입니다. 또한 주님 오시는 날까지 열심히 맡은 일에 충성을 다하며 어떤 상황에서도 선을 행하되 낙심하지 않아야 합니다.

데살로니가후서(1~3장) 읽기

주일	월	화	수	목	금	토
1:1-12	2:1-17	3:1-18				

디모데전서

"만일 내가 지체하면 너로 하여금 하나님의 집에서 어떻게 행하여야 할지를 알게 하려 함이니 이 집은 살아 계신 하나님의 교회요 진리의 기둥과 터니라"(딤전 3:15)

기록목적 디모데전서는 당시 교회를 위협하고 있던 이단과 사설을 경계하기 위해서 기록되었다. 사도바울은 에베소 교회에 남아 교회를 돌보고 있는 제자 디모데에게 교회를 섬기는 데 필요한 여러가지 목회 지침을 주고 신실한 신앙생활에 관해 교훈하기 위해 기록하였다.

저 자 사도 바울

특 징
- 초대 교회의 성장 과정에 따른 여러 가지 상황과 내용을 알려주는 자료로서의 가치를 지니고 있다.
- 디모데 개인에게 보내는 편지이지만, 교회와 목회 전반에 걸친 지침과 교훈을 담고 있기 때문에 목회서신으로 분류된다.

내·용·분·해

대분류	소분류	주요 내용
1. 교회의 조직 (1:1-3:16)	(1) 바울의 경계와 권면 (1:1-20)	① 인사 ② 다른 교훈에 대한 경계 ③ 바울의 간증 ④ 선한 싸움을 위한 권면
	(2) 교회에 대한 규율 (2:1-3:16)	① 기도 사역 ② 성도의 바른 품행 ③ 감독의 자격 ④ 집사의 자격 ⑤ 디모데전서의 기록 목적과 찬송
2. 교회의 활동 (4:1-6:21)	(1) 목회 사역의 권면 Ⅰ (4:1-16)	① 거짓말하는 자들에 대한 경계 ② 좋은 일꾼의 자세
	(2) 목회자의 대인 관계 (5:1-20)	① 성도들에 대하여 ② 과부들에 대하여 ③ 장로들에 대하여
	(3) 목회 사역의 권면 Ⅱ (5:21-6:21)	① 개인적 목회 지침 ② 종들에 대한 권면 ③ 돈에 대한 권면 ④ 하나님의 사람이 할 일 ⑤ 부한 자들에 대한 권면 ⑥ 마지막 권면과 축도

내·용·연·구

1. 교회의 조직(1:1-3:16)

(1) 바울의 경계와 권면(1:1-20)

① 인사(1:1-2)

- 하나님과 그리스도 예수의 명령을 따라 사도 된 바울은 믿음 안에서 참 아들 된 디모데에게 편지한다.
- 예수 우리 주께로부터 "은혜와 긍휼과 평강"이 있기를 기원한다.

② 다른 교훈에 대한 경계(1:3-11)

- 바울이 마게도냐로 갈 때에 디모데를 에베소 교회에 머물게 한 이유는, 디모데로 하여금 다른 교훈을 가르치거나 신화와 끝없는 족보에 몰두하지 않게 하기 위함이었다(1:3-4).
- 참된 교훈의 목적은 "청결한 마음과 선한 양심과 거짓이 없는 믿음에서 나오는 사랑"이다(1:5).
- 헛된 말에 빠져 율법의 선생이 되려는 자들은 자기가 말하는 것이나 확증하는 것을 깨닫지 못한다(1:6-7).
- 사람이 율법을 적법하게 쓰면 율법은 선한 기능을 한다. 이 율법은 악을 행하는 자들과 바른 교훈을 거스리는 자들을 위해 세운 것이다(1:8-10).

경계의 목적(딤전 1:5)
- 청결한 마음을 지키기 위해
- 거짓 없는 믿음을 지키기 위해
- 선한 행위를 지키기 위해

- 바른 교훈은 바울에게 맡기신 하나님의 영광의 복음이다(1:11).

③ 바울의 간증(1:12-17)

은혜를 감사	주님께서 자기를 능하게 하시고 충성되이 여기셔서 직분을 맡기신 것을 감사드림(1:12)
과거의 바울	비방자요 박해자요, 폭행자로서 죄인 중에 괴수였음(1:13, 15) 그리스도 예수께서 죄인을 구원하시려고 세상에 임하심(1:15) 바울이 긍휼을 입은 까닭 · 믿지 아니할 때에 알지 못하고 행하였음(1:13) · 예수 그리스도께서 일체 오래 참으셨기 때문임(1:16) · 후에 주를 믿어 영생을 얻는 자들에게 본이 되게 하려 하심(1:16)
하나님을 찬미	영원하신 왕, 곧 썩지 아니하고 보이지 아니하고 홀로 하나이신 하나님께 존귀와 영광이 영원무궁하도록 있기 찬미함(1:17)

④ 선한 싸움을 위한 권면(1:18-20)

- 바울은 전에 디모데를 지도한 예언을 따라 '선한 싸움을 싸우며, 믿음과 착한 양심을 가지라' 고 교훈으로써 명한다.
- 바울이 양심을 버리고 믿음에 관하여는 파선한 이들 가운데 있는 후메내오와 알렉산더를 사탄에게 내준 것은, 그들로 훈계를 받아 신성을 모독하지 못하게 하려 함이라고 밝힌다.

후메내오와 알렉산더
교리적으로 부활이 이미 지나갔다고 하여 남에게 낙심을 주고 도덕적으로 망령되고 헛된 말을 함부로 하는 자들

(2) 교회에 대한 규율(2:1-3:16)

① 기도 사역(2:1-7)

- 바울은 모든 사람과 특별히 임금들과 높은 지위에 있는 사람들을 위하여 간구와 기도와 도고와 감사를 하라고 권면한다(2:1-2).

② 성도의 바른 품행(2:8-15)

- 남자 성도(2:8)

  분노와 다툼 없이 거룩한 손을 들어 기도하라.

- 여자 성도(2:9-15)

  - 단정하게 옷을 입으라.
  - 소박함과 정절로써 자기를 단장하라.
  - 오직 선을 행하라.
  - 일체 순종함으로 조용히 배우라.
  - 만일 정숙함으로써 믿음과 사랑과 거룩함에 거하면 그의 해산함으로 구원을 얻으리라.

③ 감독의 자격(3:1-7)

- 사람이 감독의 직분을 얻으려 함은 선한 일을 사모하는 것이다(3:1).

중보기도해야 하는 이유

· 모든 경건과 단정함으로
· 고요하고 평안한 생활을 하려 함(2:2)
· 하나님 앞에 선하고 받으실 만한 것임(2:3)
· 모든 사람이 구원을 받으며 진리를 아는 데에 이르도록 하기 위함(2:4)

기도를 받으실 분

· 하나님은 한분이심(2:5)
· 하나님과 사람 사이에 중보자도 한 분이심(2:5)
· 중보자는 사람이신 그리스도 예수이심(2:5)
· 예수께서 자기를 대속물로 주심 (2:6)
· 진리를 증거하기 위하여 바울을 사도로 세우심(2:7)

감독의 자격	의 미
1. 책망할 것이 없으며(3:2)	선한 평판을 가짐
2. 한 아내의 남편이 되며(3:2)	한 아내에게 충실함
3. 절제하며(3:2)	자기 통제와 온전함

감독의 자격	의 미
4. 신중하며(3:2)	깊이 생각하며 분별하는 통찰력이 있음
5. 단정하며(3:2)	예의 바름
6. 나그네를 대접하며(3:2)	사랑으로 사람들을 돌보며 인내함
7. 가르치기를 잘하며(3:2)	진리에 대하여 앎
8. 술을 즐기지 아니하며(3:3)	술을 절제할 수 있음
9. 구타하지 아니하며(3:3)	폭력을 사용하지 않음
10. 관용하며(3:3)	온유하고 사려가 깊음
11. 다투지 아니하며(3:3)	혈기를 부리고 싸우지 않음
12. 돈을 사랑하지 아니하며(3:3)	물욕과 탐욕을 구하지 않음
13. 자기 집을 잘 다스려 자녀들로 모든 공손함으로 복종하게 하는 자(3:4)	가정을 잘 다스림
14. 새로 입교한 자도 말지니(3:6)	믿음의 경륜이 있어야 함
15. 외인에게도 선한 증거를 얻은 자(3:7)	선한 덕을 전함

④ 집사의 자격(3:8-13)

- 집사의 직분을 잘한 자들은 아름다운 지위와 그리스도 예수 안에 있는 믿음에 큰 담력을 얻는다(3:13).

성 별	집사의 자격(딤전 3:8-12)	의 미
남자	1. 정중하고(3:8) 2. 일구이언을 하지 아니하고(3:8) 3. 술에 인박히지 아니하고(3:8) 4. 더러운 이를 탐하지 아니하고(3:8) 5. 깨끗한 양심에 믿음의 비밀을 가진 자(3:9) 6. 책망할 것이 없는 자(3:10) 7. 한 아내의 남편(3:12) 8. 자녀와 자기 집을 잘 다스리는 자(3:12)	신중하고 경건함 정직함 술을 절제할 수 있음 정욕과 탐심을 구하지 않음 언행이 일치함 선한 평판을 가짐 가정에서 화목함 가정을 잘 다스림

성 별	집사의 자격(딤전 3:8-12)	의 미
여자	1. 정숙하고(3:11) 2. 모함하지 아니하며(3:11) 3. 절제하며(3:11) 4. 모든 일에 충성된 자(3:11)	행실이 단정함 남의 험담을 삼가함 자제력이 있음 성실하며 믿을만 함

⑤ 디모데전서의 기록 목적과 찬송(3:14-16)

- 디모데전서 기록 목적(3:14-15)

  디모데로 하여금 살아 계신 하나님의 교회요, 진리의 기둥과 터인 하나님의 집에서 어떻게 행해야 할지를 알게 하기 위해서이다.

- 경건의 비밀을 찬송(3:16)

  "경건의 비밀" 인 그리스도께서는 육신으로 나타나시고 영으로 의롭다하심을 받으시고 천사에게 보이시고 만국에서 전파되시고 세상에서 믿은 바 되시고 영광 가운데서 올려지셨다.

진리의 기둥과 터(딤전 3:15)
'하나님의 집', '하나님의 교회' 와 동격으로 교회를 가리키는 또 다른 명칭

2. 교회의 활동(4:1-6:21)

(1) 목회 사역의 권면 I (4:1-16)

① 거짓말하는 자들에 대한 경계(4:1-5)

- 거짓말하는 자(이단)의 성격(4:1-3)

1. 미혹하는 영과 귀신의 가르침을 따름　2. 믿음에서 떠남
3. 양심이 화인 맞음　4. 외식함으로 거짓말을 함
5. 혼인을 금하고 어떤 식물을 먹지 말라고 함

- 이단 경계(4:4-5)

• 하나님께서 지으신 모든 것이 선하기 때문으로 감사함으로 받으면 버릴 것이 없다. '하나님의 말씀과 기도'로 거룩하여 진다.

② **좋은 일꾼의 자세(4:6-16)**

• 형제를 깨우치라(4:6)
• 망령되고 허탄한 신화를 버리라(4:7)
• 범사에 유익하고 금생과 내생에 약속이 있는 경건에 이르도록 자신을 연단하라(4:7-8)
• 누구든지 연소함을 업신여기지 못하게 하라(4:12)
• 말과 행실과 사랑과 믿음과 정절에 있어서 믿는 자에게 본이 되어라(4:12)
• 읽는 것과 권하는 것과 가르치는 것에 전념하라(4:13)
• 예언을 통하여 받은 은사를 가볍게 여기지 말라(4:14)
• 모든 일에 전심전력하여 성숙함을 모든 사람에게 나타나게 하라(4:15)
• 자신과 가르침을 살펴 이 일에 계속하라(4:16)

망령되고(딤전 4:7)
'사악한', '속된', '경건치 않은' 이란 뜻으로 종교적 측면에서 볼 때 무가치한 것을 가리킴

정절(딤전 4:12)
도덕적으로 방탕하지 않고 순결함을 유지하는 것 뿐 아니라 하나님께 대하여서도 우상숭배하지 않고 믿음의 지조를 지키는 것

(2) 목회자의 대인 관계(5:1-20)

① 성도들에 대하여(5:1-2)

늙은이	꾸짖지 말고 권하되 아버지에게 하듯 하라(5:1)
젊은이	형제에게 하듯 하라(5:1)
늙은 여자	어머니에게 하듯 하라(5:2)
젊은 여자	온전히 깨끗함으로 자매에게 하듯 하라(5:2)

② 과부들에 대하여(5:3-16)

- 존대하라(5:3)
- 교회의 과부 명부에 올리고 도우라(5:9,16)
- 자손들로 효행을 배우게 하라(5:4,8)
- 믿는 친척이 도와주게 하라(5:8,16)

③ 장로들에 대하여(5:17-20)

- 교회를 잘 다스리는 장로들은 존경해야 한다.
- 장로에 대한 고발은 두세 증인이 있어야 한다.
- 범죄한 장로들을 모든 사람 앞에서 꾸짖어 다른 사람들로 두려워하게 해야 한다.

(3) 목회 사역의 권면 II (5:21-6:21)

① 개인적 목회 지침(5:21-25)

- 편견이 없이 하고 불공평하게 하지 말라(5:21)
  - 경솔히 안수하지 말라(5:22)

다른 교훈에 빠진 자의 모습
(딤전 6:3-5)
- 교만하여 진리에 대해 무지
- 변론과 언쟁을 좋아함
- 상대방을 시기하고 훼방함
- 악한 생각대로 행함
- 이미 받은 진리도 잃어버림
- 경건을 이익의 방도로 생각함
- 이권을 위해 자주 다툼

- 다른 사람의 죄에 간섭하지 말라(5:22)
- 자신을 지켜 정결하게 하라(5:22)
- 건강관리에 유의하라(5:23)
- 죄나 선행이나 모두 드러나게 된다(5:24-25)

② **종들에 대한 권면**(6:1-2)

• 자기 상전을 공경하고, 형제 된 믿는 상전을 더 잘 섬기도록 가르치고 권하라.

③ **돈에 대한 권면**(6:3-10)

• 자족하는 마음이 있으면 경건은 큰 이익이 된다(6:6).
• 돈을 사랑하고 탐하는 자들은 미혹을 받아 믿음에서 떠나 파멸과 멸망에 빠지게 된다(6:9 -10).

④ **하나님의 사람이 할 일**(6:11-16)

• 의와 경건, 믿음, 사랑, 인내, 온유를 따르라.
• 믿음의 선한 싸움을 싸우라.
• 영생을 취하라.
• 명령을 지켜라.
• 바울의 찬양(6:15-16): 바울은 기약이 이르면 예수 그리스도의 나타남을 보이실 하나님께 존귀와 영원한 권능을 돌린다.

바울이 찬양한 하나님

복되심, 유일하신 주권자이심, 만왕의 왕이심, 만주의 주이심, 그에게만 죽지 아니함이 있음, 가까이 가지 못할 빛에 거하심, 보지 못하였고 볼 수 없는 이심

⑤ **부한 자들에 대한 권면**(6:17-19)

• 마음을 높이지 말라.
• 소망을 정함이 없는 재물에 두지 말고, 오직 우리에게

모든 것을 후히 주사 누리게 하시는 하나님께 두라.

- 선을 행하고 선한 사업을 많이 하라.
- 나누어 주기를 좋아하며 너그러운 자가 되게 하라.
- 이것이 장래에 좋은 터를 쌓아 참된 생명을 취하는 것이다.

⑥ **마지막 권면과 축도**(6:20-21)

- 권면 - 망령되고 헛된 말과 거짓된 지식의 반론을 피함으로 네게 부탁한 것을 지키라.
- 축도 - 하나님의 은혜가 함께 있기를 기원한다.

디모데전서의 적용과 실천

우리의 기도가 자신의 유익과 소원만을 구하는 기도는 아니었습니까? 성숙한 기도가 되려면 어떻게 해야 합니까(2:1)?

우리가 선한 일꾼이 되기 위해서는 어떻게 해야 합니까(4:6-16)?

하나님의 자녀들인 우리들은 하늘나라의 소망을 바라보며 그 나라에 이르기 까지 거룩한 행실과 경건한 생활을 해야 합니다. 이는 말할 수 없는 영광의 상급을 받을 주님의 날을 기다리는 소망이 있기 때문입니다. 그러므로 경건에 이르기를 힘써야 합니다.

디모데전서(1~6장) 읽기

주일	월	화	수	목	금	토
1:1-20	2:1-15	3:1-16	4:1-16	5:1-25	6:1-10	6:11-21

디모데후서

"너는 진리의 말씀을 옳게 분별하며 부끄러울 것이 없는 일꾼으로 인정된 자로 자신을 하나님 앞에 드리기를 힘쓰라" (딤후 2:15)

기록목적 자신의 죽음을 앞두고 있는 바울이 자신의 사역을 계속 이끌어 나가야 할 디모데에게 목회적 조언을 주기 위해 기록하였다.

저　　자 사도 바울

특　　징

- 목회서신이면서도 바울의 마지막 서신으로서 일종의 유언적인 성격을 띠고 있다.
- 참된 그리스도인의 모습이 어떠해야 하는지에 대한 모범적인 답을 제시하고 있다.
- 매 절마다 교회와 성도를 향한 사도 바울의 걱정과 사랑이 담겨져 있다.

내·용·분·해

대분류	소분류	주요 내용
1. 복음의 능력 (1:1–2:26)	(1) 바울의 감사와 권면 (1:1–18)	① 인사 ② 디모데에 대한 감사와 격려 ③ 복음을 위한 자세 ④ 오네시보로에 대한 기원
	(2) 목회 실천에 관한 교훈(2:1–26)	① 목회자의 자세 ② 그리스도의 일꾼
2. 복음의 선포 (3:1–4:22)	(1) 말세의 징조와 성경 (3:1–17)	① 말세의 징조 ② 말씀에 거하는 삶
	(2) 바울의 마지막 권고와 신앙고백(4:1–22)	① 전도 사명 감당 권고 ② 바울의 최후 신앙고백 ③ 바울의 주변 상황 ④ 최종 문안과 축도

내·용·연·구

1. 복음의 능력(1:1-2:26)

(1) 바울의 감사와 권면(1:1-18)

① 인사(1:1-2)

- 하나님과 그리스도 예수의 명령을 따라 사도 된 바울은 믿음 안에서 참 아들 된 디모데에게 편지한다.
- 예수 우리 주께로부터 은혜와 긍휼과 평강이 있기를 기원한다.

② 디모데에 대한 감사와 격려(1:3-7)

- 디모데의 믿음에 대한 감사(1:3-5)
  - 디모데의 거짓이 없는 믿음에 감사한다.
  - 디모데의 믿음은 "그의 외조모 로이스와 어머니 유니게 속에 있는 믿음"에서 유래한다.
- 디모데에게 주신 은사에 대한 격려(1:6-7)
  - 하나님께서 주신 것은 "오직 능력과 사랑과 절제하는 마음"이다.

③ 복음을 위한 자세(1:8-14)

- 복음과 함께 고난을 받으라(1:8-9)

  은혜의 복음을 전하다 옥에 갇힌 바울을 부끄러워하지 말라.

능력(딤후 1:7)
'폭발적인 힘', 탁월한 능력'을 뜻하는 것으로서 하나님이 복음 전파자들에게 덧입혀 주시는 하나님의 권능과 놀라운 역사하심을 가리킴

- 오직 하나님의 능력을 따라 복음과 함께 고난을 받으라.
- 복음을 부끄러워하지 말라(1:10-12)

  바울은 하나님께서 능히 지키실 줄을 확신하였기 때문에 고난을 받되 복음을 부끄러워하지 아니하였다.
- 복음을 지키라(1:13-14)

  예수 안에 있는 믿음과 사랑으로써 바울에게 들은 바른 말과 성령으로 말미암아 그에게 부탁한 아름다운 것을 지키라.

④ 오네시보로에 대한 기원(1:15-18)

성도가 지녀야 할 믿음
(딤후 1:3-5)
- 거짓이 없는 믿음
- 행함이 있는 믿음
- 변함이 없는 믿음

- 오네시보로는 바울을 버린 부겔로와 허모게네와는 달리 바울을 자주 격려해 주었다.
- 사슬에 매인 바울을 부끄러워하지 않고, 로마에 있을 때에도 부지런히 찾아와 만났다.
- 바울은 주께서 오네시보로의 집에 긍휼을 베풀어 주시기를 기원한다.
- 디모데는 오네시보로가 에베소에서 많이 봉사한 것을 잘 알고 있었다.

(2) 목회 실천에 관한 교훈(2:1-26)

① 목회자의 자세(2:1-13)

- 교사 양성(2:1-2)

  - 은혜 가운데서 강하라.

- 바울에게서 들은 바를 충성된 사람들에게 부탁하여 그들도 다른 사람들을 가르칠 수 있게 하라.

- 복음 전도자의 비유(2:3-7)

비유된 복음 전도자의 자세를 생각해 보면 주께서 범사에 총명을 주실 것이다.

- 복음 전도자의 고난과 영광(2:8-13)
  - 바울이 전한 복음대로 다윗의 씨로서 다시 사신 예수 그리스도를 기억하라.
  - 바울은 매이지 아니하는 복음으로 말미암아 죄인과 같이 매이는 데까지 고난을 받았고, 택함 받은 자들을 위하여 참음으로 그들로 하여금 구원을 영원한 영광과 함께 받게 하려 하였다.
  - 그리스도인이 미쁘신 주와 함께 죽었으면 또한 함께 살 것이요, 참으면 또한 함께 왕 노릇하게 될 것이다. 그러나 주를 부인하면 주도 그를 부인하실 것이다.

② **그리스도의 일꾼**(2:14-26)

- 인정 받는 일꾼(2:14-19)
  - 말다툼과 망령되고 헛된 말을 피하라.
  - 진리의 말씀을 옳게 분별하라.
  - 부끄러울 것이 없는 인정된 자로 자신을 하나님 앞에 드리기를 힘쓰라.
  - 부활이 이미 지나갔다고 하여 어떤 이들의 믿음을 무너

병사(딤후 2:3-4)

복무하는 자는 자기 생활에 얽매이지 않고 병사로 모집한 자를 기쁘시게 해야 함

경기하는 자(딤후 2:5)

법대로 경기해야만 승리자의 관을 얻음

농부(딤후 2:6)

수고하는 농부가 곡식을 먼저 받음

하나님 앞에 인정받는 일꾼(딤후 2:15)

- 진리의 말씀을 옳게 분별함
- 부끄러울 것이 없어야 함
- 하나님 앞에 드리기를 힘씀

뜨린 후메내오와 빌레도는 진리에 관하여 그릇되었다.

- 주의 이름을 부르는 자마다 불의에서 떠나라.

• 귀하게 쓰이는 그릇의 조건(2:20-21)

- 자기를 깨끗하게 하여 거룩하게 하는 자
- 주인의 쓰심에 합당한 자
- 모든 선한 일에 준비함이 된 자

하나님께서 귀히 쓰는 사람 (딤후 2:20-21)

- 깨끗한 자
- 귀한 믿음을 가진 자
- 하나님의 뜻에 합당한 자

• 깨끗한 그릇이 되려면(2:22-23)

- 청년의 정욕을 피하라.
- 주를 깨끗한 마음으로 부르는 자들과 함께 의와 믿음과 사랑과 화평을 따르라.
- 어리석고 무식한 변론을 버리라.

• 주의 종의 태도(2:24-26)

- 다투지 않아야 한다.
- 모든 사람에 대하여 온유해야 한다.
- 가르치기를 잘해야 한다.
- 참아야 한다.
- 거역하는 자의 회개를 위하여 온유함으로 훈계해야 한다.

2. 복음의 선포(3:1-4:22)

(1) 말세의 징조와 성경(3:1-17)

① 말세의 징조(3:1-9)

- 말세의 타락상(3:1-5)

경건의 모양은 있으나 경건의 능력을 부인하는 자들이 나타남.

명칭	죄목	의미	성경
자신에 대한 죄	자기를 사랑하며	자기 중심적인 기준의 생각으로 판단하며 자신의 유익만 구하는 자	눅 14:26
	돈을 사랑하며	돈을 지나치게 사랑하는 자, 이는 모든 악의 근원이 됨	딤전 6:10
	자랑하며	자신을 내세우며 교만한 자	롬 1:30
이웃에 대한 죄	교만하며	남을 무시하고 자기 우월감에 사로잡힌 자	눅 1:51
	비방하며	질서를 어지럽히거나 권위에 도전하여 혼란을 조장하는 자	행 19:9 롬 1:30
	부모를 거역하며	부모에게 불순종하고 무시하는 자	엡 6:1 딤전 1:9
	감사하지 아니하며	은혜를 모르는 자	눅 6:35
	거룩하지 아니하며	순결과 성결을 상실한 타락한 자	딤전 1:9–10
	무정하며	부모, 형제, 자녀, 이웃에게 애정이 없는 자	롬 1:31
	원통함을 풀지 아니하며	원통한 일들을 마음에 간직하여 남과 화해를 거부하는 자	약 3:14
	모함하며	남을 허위로 비방하는 자	시 15:3 잠 10:18 딛 2:3

명 칭	죄 목	의 미	성 경
이웃에 대한 죄	절제하지 못하	자신의 악한 본성을 제어하지 못하는 자	유 1:18 벧후 3:3
	사나우며	독기를 품어서 사방에 싸움을 일으키는 자	전 8:1
	선한 것을 좋아 하지 아니하며	선을 사랑하지 않는 자	요일 2:15-16
	배반하며	자신을 위해 친구를 저버리는 자	애 1:2
	조급하며	무엇이든지 생각 없이 경솔히 말하는 자	행 19:36
	자만하며	스스로 자신을 높이는 자	렘 48:29
하나님에 대한 죄	쾌락을 사랑하기를 하나님 사랑하는 것보다 더하며	세상의 탐심과 욕심을 좇는 자	요 3:19
	경건의 모양은 있으나 경건의 능력은 부인하는 자	믿음의 형식을 가진 외식적인 자	마 23:1-36 롬 2:17-29

- 거짓 교사에 대한 경계(3:6-9)
  - 남의 집에 가만히 들어가 유인하는 자들에게 욕심에 끌려 항상 배우는 어리석은 여자는, 죄를 중히 지고 진리의 지식에 이를 수 없다.
  - 유인하는 자들은 그 마음이 부패하고 버림받은 자들로서, 모세를 대적한 얀네와 얌브레와 같이 그들의 어리석음이 드러날 것이다.

② 말씀에 거하는 삶(3:10-17)

- 경건한 자가 받는 박해(3:10-13)
  - 바울의 모범적인 삶(3:10-11)

모범의 종류	의 미	성 경
교 훈	그리스도의 복음을 전파하는 참된 진리	행 17:2-3
행 실	언행일치의 모범적 자세	고전 9:23-27
의 향	그리스도를 푯대로 삼아 만민에게 복음을 전하는 신실한 소망	빌 3:13-14
믿 음	하나님에 대한 변함없는 신앙과 하나님께서 끝까지 지켜주실 것을 확신함	롬 8:38-39
오래 참음	한 영혼의 구원을 위해 끝까지 참음	살전 5:14
사 랑	이웃을 사랑하되 원수까지 사랑하는 마음	마 5:44
인 내	역경과 고난을 당하여도 끝까지 견디어 구원을 이룸	고전 4:12
박 해	복음을 비난하고 박해하는 자를 위하여 기도함	롬 12:14
고 난	복음을 통한 고난을 자기의 육체에 채울 각오로 생활함	골 1:24

- 디모데가 보고 아는 안디옥과 이고니온과 루스드라의 박해 가운데서 주께서 바울을 건져주셨다(3:11).
- 경건한 삶을 살고자 하는 자는 박해를 받을 것이다(3:12).
- 악한 자들과 속이는 자들은 더욱 악하여져서 속이기고 하고 속기도 한다(3:13).
- 성경을 주신 목적(3:14-17)
  - 배우고 확신한 일에 거하라.
  - 성경은 하나님의 감동으로 된 것이다.

성경을 주신 목적		내 용	성 구
구원에 이르는 지혜가 있게 함		예수 그리스도를 구주로 깨닫고 믿음으로 구원받도록 지혜를 줌	요 5:39; 20:31 롬 10:9-10
유익	교훈	복음의 진리를 가르치는 것	롬 15:4
	책망	잘못된 교리나 행동의 오류를 바로 잡는 것	딛 1:9; 히 12:5
	바르게 함	하나님의 말씀대로 살아감	시 119:11
	의로 교육함	말씀으로 양육하여 장성한 분량에 이르도록 성장시킴	딛 2:11-14
온전하게 함		하나님의 사람으로서 모든 선한 일을 하는 데 충분히 준비되게 함	시 119:9 히 4:12

(2) 바울의 마지막 권고와 신앙고백(4:1-22)

① 전도 사명 감당 권고(4:1-5)

- 말씀 전파 방법(4:1-2)
  - 때를 얻든지 못 얻든지 말씀을 전파하는 일에 항상 힘쓰라.
  - 범사에 오래 참음과 가르침으로 경책하며 경계하며 권하라.
- 전도자의 자세(4:5)
  - 모든 일에 신중하라.
  - 고난을 받으라.
  - 전도자의 일을 하라.
  - 직무를 다하라.

② 바울의 최후 신앙고백(4:6-8)

- 바울이 전제와 같이 벌써 부어지고 떠날 시각이 가까

경책하며(딤후 4:2)
'허물' 을 분명히 알게하고, 그것을 바로 잡아 주는 것을 말함

경계하며(딤후 4:2)
'질책', '책망' 의 의미로 사용되는 말로 죄인을 책망하되 엄히 꾸짖는 것을 가리킴

웠다.

- 바울이 선한 싸움을 싸우고 달려갈 길을 마치고 믿음을 지켰으므로 주, 곧 의로우신 재판장이 그날에 의의 면류관을 주실 것이다.
- 의의 면류관을 주의 나타나심을 사모하는 모든 자들에게도 주실 것이다.

③ **바울의 주변 상황**(4:9-18)

- 주변 소식과 당부(4:9-13)
  - 바울의 주변 소식: 데마는 이 세상을 사랑하여 데살로니가로 갔고 그레스게는 갈라디아로, 디도는 달마디아로 갔으며 두기고는 에베소로 보내었고 누가만 함께 있다.
  - 당부: 디모데에게 바울 자신에게 유익한 마가를 데리고, 바울이 드로아 가보의 집에 둔 겉옷과 가죽 종이에 쓴 책을 갖고 어서 속히 오라고 했다.
- 대적한 자들을 주께 맡김(4:14-16)
  - 바울에게 해를 많이 입히고 심히 대적한 구리 세공업자 알렉산더가 행한 대로 주께서 갚으실 것이다.
  - 처음 변명할 때에 바울을 버린 자들에게도 허물을 돌리지 않기를 원하였다.
- 구원의 하나님(4:17-18)
  - 주께서 바울에게 힘을 주심으로 바울이 선포한 말씀을

두기고(딤후 4:12)
바울이 특별히 신뢰하던 동역자로 이방인들이 모은 구제헌금을 바울과 함께 예루살렘 교회에 전달했다(행 20:4).

브리스가와 아굴라(딤후 4:19)
바울과 함께 장막짓는 일을 하면서 바울의 전도 사역에 적극적으로 동참함(참조. 행 18장)

모든 이방인으로 듣게 하셨다.

- 바울은 자신을 사자의 입에서 건져내셨으며, 앞으로도 모든 악한 일에서 건져내시고 천국에 들어가도록 구원하실 주님께 영광을 돌린다.

④ **최종 문안과 축도**(4:19-22)

• 문안과 당부

- 브리스가와 아굴라와 및 오네시보로의 집에 문안하라.
- 에라스도와 드로비모의 소식을 전한다.
- 겨울 전에 디모데가 바울 자신에게 어서 오기를 당부한다.
- 으불로와 부데와 리노와 글라우디아와 모든 형제의 문안을 전한다.

• 축도

- 주께서 디모데의 심령에 함께 계시기를 기원한다.
- 은혜가 에베소 교회 성도들과 함께 있기를 기원한다.

디모데후서의 적용과

오네시보로는 감옥에 있는 바울을 위로하고 힘이 되어주었듯이, 우리는 어려운 성도의 도움과 위로가 되어주고 있습니까(1:16-18)?

지금 우리는 하나님께서 쓰실 수 있는 깨끗한 그릇으로 준비되어 있습니까(2:20-21)?

동역자란 한 마음 한 뜻으로 기쁨과 슬픔을 함께 하여 끝까지 하는 사람입니다. 고난 속에서 함께 수고할 수 있는 동역자를 찾기란 쉽지 않습니다. 우리가 진정 주의 일에 동역하는 참된 동역자가 되기 위해서는 아무리 힘든 역경에 처한다 할지라도 결코 주님을 떠나서는 안 됩니다.

디모데후서(1~4장) 읽기

주일	월	화	수	목	금	토
1:1-18	2:1-26	3:1-17	4:1-22			

디도서

"그가 우리를 대신하여 자신을 주심은 모든 불법에서 우리를 속량하시고
우리를 깨끗하게 하사 선한 일을 열심히 하는 자기 백성이 되게 하려 하심이라"(딛 2:14)

기록목적 디도서는 디도의 목회 활동을 격려하고 목회할 때 필요한 사항을 가르쳐 주며, 거짓 교사들을 경고하고 있다. 바울은 교회 안의 직분자들과 여러 계층의 교인들이 갖추어야 할 자질과 태도에 대해 교훈하고 니고볼리에 있는 자신과 디도가 합류하게 되기 위해 기록하였다.

저 자 사도 바울

특 징
- 디모데전서와 문체와 내용, 기록 목적이 매우 유사하여 '디모데전서의 축소판' 이라고 불리기도 한다.
- 목회에 대한 실제적인 지침서일 뿐만 아니라 기독교의 진리에 대해 기록되어 있어 일반 성도들에게도 올바른 신앙의 길잡이가 된다.

내·용·분·해

대분류	소분류	주요 내용
1. 교리적 교훈 (1:1–16)	(1) 목회를 위한 권면 (1:1–16)	① 인사 ② 장로의 자격 ③ 속이는 자에 대한 경고
2. 생활에서의 교훈 (2:1–3:15)	(1) 교회 여러 계층을 위한 교훈(2:1–15)	① 남녀노소의 생활 지침 ② 그리스도인의 삶의 태도
	(2) 그리스도인의 도리 (3:1–15)	① 사회 생활 태도 ② 이단에 대한 태도 ③ 명령과 축도

내·용·연·구

1. 교리적 교훈(1:1-16)

(1) 목회를 위한 권면(1:1-16)

① 인사(1:1-4)

- 하나님의 종이요, 예수 그리스도의 사도인 바울은 하나님이 명하신 대로 전도를 하게 되었다.
- 믿음을 따라 바울의 '참 아들' 된 디도에게 편지한다.
- 은혜와 평강이 있기를 기원한다.

② 장로의 자격(1:5-9)

- 바울이 디도를 그레데 섬에 남겨둔 이유는 남은 일을 정리하고 장로를 세우기 위함이다(1:5).
- 장로의 자격(1:6-9)

자격의 내용	딛	딤전	의 미
책망할 것이 없음	1:6	3:2	선한 평판을 가진 자
한 아내에게 충실한 자	1:6	3:2	한 아내의 남편
믿는 자녀를 둔 자	1:6	3:4	하나님을 잘 섬기는 믿음의 자녀들이 말씀과 사랑 가운데서 화목하게 생활하여 본이 되는 자
제 고집대로 하지 않음	1:7	3:3	서로 양보 하고 대화하며 절충하는 자
급히 분내지 않음	1:7	3:3	분을 참고 심사숙고하는 자
술을 즐기지 아니함	1:7	3:3	육신의 쾌락을 추구하지 않는 자
구타하지 않음	1:7	3:3	물리적 행위로 남에게 상처를 주지 않는 자

자격의 내용	딛	딤전	의 미
더러운 이득을 탐하지 않음	1:7	3:3	재물을 탐하여 교회나 사회로부터 지탄의 대상이 되지 않는 자
나그네를 대접함	1:8	3:2	이웃을 사랑으로 돌보는 자
선을 좋아함	1:8		악을 멀리하고 선을 추구하는 자
신중함	1:8	3:2	자신을 겸손히 낮추는 자
의로움	1:8		정의를 구하고 진리를 좇는 자
거룩함	1:8		하나님의 품성을 닮은 자
절제함	1:8	3:2	자신의 분수에 맞게 행하는 자
말씀을 그대로 지킴	1:9		하나님의 말씀을 믿고 올바르게 사는 자
가르치기를 잘함	1:9	3:2	하나님의 말씀을 항상 전하고 양육하는 자

③ 속이는 자에 대한 경고(1:10-16)

- 속이는 자(1:10-11)
  - 그레데에는 불순종하고 헛된 말을 하며 속이는 자가 많았는데, 그 중 할례파가 특히 그러하였다.
  - 더러운 이득을 취하려고 마땅하지 아니한 것을 가르쳐 가정들을 무너뜨린다.
- 그레데인들의 성향(1:12)
  - 어떤 선지자가 말한 대로 항상 거짓말쟁이며 악한 짐승이며 배만 위하는 게으름뱅이다.
- 권고(1:13-14)
  - 속이는 자들을 엄히 꾸짖으라.
  - 그들로 하여금 믿음을 온전하게 하라.

미쁜 말씀(딛 1:9)
참되고 신실하신 하나님의 말씀과 계명을 가리킴

종의 올바른 자세(딛 2:9-10)
- 범사에 순종해야 함
- 주인을 기쁘게 해야 함
- 선한 충성을 다해야 함

- 유대인의 허탄한 이야기와 진리를 배반하는 사람들의 명령을 따르지 않아야 한다.

• 깨끗함과 더러움의 여부(1:15-16)

- 깨끗한 자들에게는 모든 것이 깨끗하다.
- 더럽고 믿지 아니하는 자들에게는 아무것도 깨끗한 것이 없으며 마음과 양심이 더럽다.
- 하나님을 시인하나 행위로는 부인하는 가증한 자요, 복종하지 아니하는 자요, 모든 선한 일을 버리는 자이다.

2. 생활에서의 교훈(2:1-3:15)

(1) 교회 여러 계층을 위한 교훈(2:1-15)

① 남녀노소의 생활 지침(2:1-10)

구 분	태 도	성 경
늙은 남자(2:2)	절제하고 경건하고 신중하며 믿음과 사랑과 인내함으로 온전해야 한다.	빌 2:5
늙은 여자(2:3)	행실이 거룩하며 모함하지 말며 술의 종이 되지 아니하며 선한 것을 가르쳐야 한다.	시 34:13 잠 13:3 벧전 3:10
젊은 여자(2:4–5)	남편과 자녀를 사랑하고 신중하며 순전하며 집안 일을 하며 선하며 남편에게 복종해야 한다.	엡 5:22–23
젊은 남자(2:6–8)	신중하며 바른 말을 해야 한다.	엡 4:13–16
종(2:9–10)	상전에 순종하여 기쁘게 하며 거스려 말하지 말고 훔치지 말며 신실해야 한다.	잠 25:13 갈 1:10 골 3:22

② **그리스도인의 삶의 태도**(2:11-15)

- 경건하지 않은 것과 이 세상 정욕을 다 버리라(2:12).
- 신중함과 의로움과 경건함으로 살라(2:12).
- 복스러운 소망, 곧 구주 예수 그리스도의 영광이 나타나심을 기다리라(2:13).
- 선한 일을 열심히 하라(2:14).
- 이것(진리의 복음)을 말하고 권면하며 모든 권위로 책망하여 업신여김을 받지 말라.

복스러운 소망(딛 2:13)
예수 그리스도의 재림에 대한 소망을 가리킴

(2) 그리스도인의 도리(3:1-15)

① **사회 생활 태도**(3:1-8)

- 국가와 이웃에 대한 태도(3:1-2)

국가에 대한 태도(딛 3:1)	이웃에 대한 태도(딛 3:2)
· 통치자들과 권세 잡은 자들에게 복종하며 순종하라. · 모든 선한 일 행하기를 준비하라.	· 아무도 비방하지 말라. · 다투지 말라. · 관용하라. · 범사에 온유함을 모든 사람에게 나타낼 것을 기억하게 하라.

- 진리에 대한 태도(3:3-8)

  바울은 성도들이 구원받기 전의 모습을 언급하며, 이 여러 것(구원의 진리)에 대하여 굳세게 말하라고 권면 한다.

② **이단에 대한 태도**(3:9-11)

- 이단에 속한 사람은 부패하여 스스로 정죄한 자로서 죄

를 짓는다. 그 때문에 바울은 디도에게 이러한 사람에 대해 취해야 할 태도를 권면한다.

- 피하라: 어리석은 변론, 족보 이야기, 분쟁, 율법에 대한 다툼
- 멀리하라: 한두 번 훈계한 후에도 이단에 속한 사람

③ 명령과 축도(3:12-15)

- 명령(3:12-14)
  - 아데마나 두기고를 보내면 바울이 겨울을 지내기로 작정한 니고볼리로 급히 오라.
  - 바울이 급히 먼저 보내는 세나와 아볼로에게 부족함이 없게 하라.
  - 필요한 것을 준비하는 좋은 일에 힘쓰기를 배우게 하라.
- 문안(3:15)
  - 바울은 자신과 함께 있는 자들의 문안을 전한다.
  - 디도도 그들에게 문안하라.
- 축도(3:15)
  - 은혜가 있기를 기원한다.

구원받기 전의 모습(딛 3:3)

· 어리석은 자
· 순종하지 아니한 자
· 속은 자
· 정욕과 행락에 종 노릇 한 자
· 악독과 투기를 일삼은 자
· 가증스러운 자
· 피차 미워한 자

구원을 받은 진리(딛 3:4-7)

· 하나님의 자비와 사랑
· 긍휼하심을 따라 중생의 씻음과 성령의 새롭게 하심
· 구주 예수 그리스도로 말미암아 성령을 풍성히 부어 주심
· 은혜를 힘입어 의롭다 하심 얻음
· 영생의 소망을 따라 상속자가 됨

진리를 굳세게 말하는 목적(딛 3:8)

· 하나님을 믿는 자들로 하여금 조심하여 선한 일을 힘쓰게 하려 함
· 아름다움
· 사람들에게 유익함

디도서의 적용과 실천

- 우리의 입은 세상적인 말과 남을 험담하는 말이 아닌 '오직' 바른 교훈에 합한 것을 말하고 있습니까(2:1)?

- 우리가 열심을 내고 있는 일이 하나님의 뜻에 맞는 삶이며 주님 보시기에 합당한 것입니까(2:14)?

우리가 하나님과의 관계에서 중심을 잃지 않고 충성된 종으로 칭찬받는 생활을 하려면 우리가 하나님의 종이라는 자세를 항상 마음과 생활 속에 새기는 것이 중요합니다.

디도서(1~3장) 읽기

주일	월	화	수	목	금	토
1:1-16	2:1-15	3:1-15				

빌레몬서

"이로써 네 믿음의 교제가 우리 가운데 있는 선을 알게 하고 그리스도께 이르도록 역사하느니라" (몬 1:6)

기록목적 빌레몬서는 바울이 로마로 도망갔던 빌레몬의 종 오네시모를 주인 빌레몬에게 돌려보내면서 오네시모를 형제로 대우하고, 궁극적으로 빌레몬이 오네시모를 바울에게 돌려보내 바울과 함께 사역하도록 빌레몬에게 부탁하기 위해서 기록하였다.

저 자 사도 바울

특 징 - 바울서신 중에서 가장 짧은 서신으로, 그리스도인의 실천적 윤리 문제를 다루고 있다.
- 주인 빌레몬에게 그의 도망한 종 오네시모에 대한 선처를 구하는 사적인 서신이다.
- 그리스도 예수 안에서 모든 화해가 가능하며 모든 일이 사랑의 동기에서 행해져야 한다는 것을 보여 준다.

내·용·분·해

대분류	소분류	주요 내용
1. 사랑과 용서 (1:1–25)	(1) 칭찬받은 빌레몬 (1:1–7)	① 인사 ② 빌레몬에 대한 기도와 칭찬
	(2) 바울의 부탁 (1:8–22)	① 오네시모를 위하여 ② 바울의 방문을 위하여
	(3) 맺음말(1:23–25)	① 문안과 축도

내·용·연·구

1. 사랑과 용서(1:1-25)

(1) 칭찬받은 빌레몬(1:1-7)

① 인사(1:1-3)

- 바울과 디모데는 빌레몬과 그의 아내 압비아와 그의 아들 아킵보와 빌레몬 집에 있는 교회에 편지한다.
- 그들에게 예수 그리스도로부터 은혜와 평강이 있기를 기원한다.

② 빌레몬에 대한 기도와 칭찬(1:4-7)

- 바울은 빌레몬의 사랑과 믿음으로 말미암아 하나님께 감사하고 기도할 때에 빌레몬을 말하였다.
- 빌레몬의 믿음의 교제가 선을 알게 하고 그리스도께 이르도록 역사한다.
- 빌레몬으로 말미암아 성도들의 마음은 평안을 얻었고 바울은 많은 기쁨과 위로를 받았다.

(2) 바울의 부탁(1:8-22)

① 오네시모를 위하여(1:8-21)

- 바울은 빌레몬에게 빌레몬의 종인 오네시모를 자신이 갇힌 중에서 낳은 아들로서 이제는 유익하게 되어 자신

"이로써 네 믿음의 교제가 우리 가운데 있는 선을 알게 하고 그리스도께 이르도록 역사하느니라"(몬 1:6)

오네시모(몬 1:8-16)

과거 (무익한 자)	주인의 물건을 도적질함 주인에게서 도망침
현재 (유익한 자)	신실한자 이웃에게 유익을 끼침

"이 후로는 종과 같이 대하지 아니하고 종 이상으로 곧 사랑 받는 형제로 둘 자라 내게 특별히 그러하거든 하물며 육신과 주 안에서 상관된 네게랴" (몬 1:16)

에게는 심복이요, 빌레몬에게는 사랑받는 형제로 둘 자라고 알린다.

- 바울이 돌려보내는 오네시모를 빌레몬이 자신에게 하듯 영접하고, 빌레몬을 대신하여 오네시모가 자신을 섬기도록 자의로 승낙해 주기를 사랑으로써 간구한다.
- 바울은 오네시모가 빌레몬에게 불의하거나 빚진 것을 자신이 대신 갚고, 빌레몬이 자신에게 빚진 것을 말하지 아니하겠다며, 빌레몬의 순종을 확신한다.

② **바울의 방문을 위하여**(1:22)

- 바울은 편지의 수신자들인 골로새 교회 성도들의 기도로 그들에게 나아갈 수 있기를 바라며 자신을 위한 숙소를 마련하라고 부탁한다.

(3) 맺음말(1:23-25)

① **문안과 축도**(1:23-25)

- 문안 - 바울은 자신과 함께 갇힌 에바브라와 동역자 마가와 아리스다고, 데마, 누가의 문안을 전한다.
- 축도 - 수신자들의 심령에 우리 주 예수 그리스도의 은혜가 함께 있기를 기원한다.

에바브라(몬 1:23)
골로새 출신으로 골로새 교회의 설립자(골1:7)로 바울의 동역자

아리스다고(몬 1:23)
3차 전도 여행시 에베소에서 바울의 사역을 도움(행 19:29-40)

빌레몬서의 적용과 실천

사도 바울에게 위로와 기쁨이 되었던 것은 무엇입니까(1:4-7)?

사도 바울은 오네시모를 위하여 빌레몬에게 무엇으로 간구합니까(1:9)?

복음의 능력은 사회적인 장애물을 뛰어 넘어 영향력을 끼칩니다. 복음의 진리가 사랑과 용서를 바탕으로 하고 있기 때문에 우리는 빈부귀천의 차별의식을 버리고 이웃에게 그리스도의 사랑을 전할 수 있습니다.

빌레몬서(1장) 읽기

주일	월	화	수	목	금	토
1:1-7	1:8-16	1:17-25				

히브리서

"믿음은 바라는 것들의 실상이요 보지 못하는 것들의 증거니
선진들이 이로써 증거를 얻었느니라" (히 11:1-2)

기록목적 히브리서는 유대교로 돌아가려는 유대인 그리스도인들에게 예수 그리스도의 우월성과 완전성을 제시하고 소망과 인내로 그들의 신앙을 지키도록 권면하기 위해 기록되었다.

저 자 사도 바울의 영향을 받은 저자

특 징
- 신약 성경 중 구약의 인용이 가장 많은 책이며, 유대교에 대한 기독교의 변증서이다.
- 기독론에 있어 매우 풍부한 내용을 담고 있다.
- 한 편의 설교를 편지형식으로 기록하였다(설교 형태로 시작하여 서신 형태로 종결).
- '믿음의 책' 으로서, 특히 11장은 '믿음 장' 으로 불린다.

내·용·분·해

대분류	소분류	주요 내용
1. 그리스도의 우월성 (1:1–4:16)	(1) 아들 안에 나타난 하나님의 계시(1:1–3)	
	(2) 천사보다 우월하심 (1:4–2:18)	① 그리스도의 신성 ② 권고: 말씀을 청종하라 ③ 그리스도의 인성
	(3) 모세보다 우월하심 (3:1–4:16)	① 권고: 예수님을 바라보라 ② 이스라엘의 불신앙 ③ 권고: 말씀을 따라 예수님께 나아가라
2. 그리스도 사역의 우월성 (5:1–10:39)	(1) 위대한 대사자장 예수 (5:1–10)	① 죄가 없으신 분 ② 부르심에 순종하신 분
	(2) 권고: 믿음을 굳게 하라(5:11–6:20)	① 성숙함의 중요성 ② 하나님의 신실하심
	(3) 멜기세덱의 반차를 따르는 대제사장 (7:1–28)	① 멜기세덱의 제사장직 ② 그리스도 대제사장직의 우월성
	(4) 진정한 대제사장 (8:1–13)	① 하늘 성소에서 섬김 ② 새 언약
	(5) 영원하고 완전한 제사 (9:1–10:18)	① 새로운 속죄 제의 ② 영원한 제사 ③ 완전한 제사
	(6) 권고: 소망을 굳게 잡으라(10:19–39)	① 소망의 근거 ② 성도의 의무
3. 그리스도인의 우월성 (11:1–13:25)	(1) 믿음과 믿음의 증인들 (11:1–40)	① 믿음의 의미 ② 믿음의 증인들
	(2) 믿음을 지키라 (12:1–29)	① 고난 중에 예수를 바라보라 ② 고난은 연단이다 ③ 고난을 통해 거룩함에 이르라

대분류	소분류	주요 내용
3. 그리스도 인의 우월성 (11:1–13:25)	(3) 마지막 권면(13:1–17)	① 삶 가운데 표현되는 믿음 ② 성숙한 믿음
	(4) 결언 및 송영 (13:18–25)	① 기도 요청 ② 축복 기도 ③ 마지막 인사

내·용·연·구

1. 그리스도의 우월성(1:1-4:16)

(1) 아들 안에 나타난 하나님의 계시(1:1-3)

- 하나님께서는 여러 가지 방식으로 자신을 계시하셨지만, 마지막 때에 아들 예수 그리스도를 통하여 당신을 완전하고 명확하게 계시하셨다.
- 예수 그리스도는 하나님을 '그대로 나타내신 분' 이다. 그러므로 그리스도를 본 것은 하나님을 본 것과 같다. 예수님께서는 하나님의 본체의 명확한 형상이시다.

(2) 천사보다 우월하심(1:4-2:18)

① 예수님의 신성(1:4-14)

- 예수님께서는 어떤 존재보다 우월하시며 심지어 천사

보다 더 우월하신 분이시다.

- 많은 일련의 성경구절들이 하나님의 아들이신 예수 그리스도가 오실 것을 가리키고 있으며, 천사들은 자신들보다 위에 계신 예수 그리스도를 섬기는 존재라는 것을 보여준다.

② **권고: 말씀을 청종하라**(2:1-4)

- 인간은 과거에 천사를 통해 주어진 말씀(율법)을 받고도 지키지 않아 징계를 받았다. 하물며 하나님이신 예수님께서 주신 구원의 말씀을 인간이 등한히 여긴다면 어찌 준엄한 징계가 따르지 않겠는가!

③ **예수님의 인성**(2:5-18)

- 예수 그리스도께서는 인류를 구원하시기 위해 인간의 모습으로, 천사들보다 낮은 자리로 기꺼이 내려오셨다.
- 예수님께서는 죄가 없으심에도 고난과 죽음을 통해 온전하게 되셨고, 친히 대제사장이 되셔서 우리의 죄를 담당해 주심으로 우리를 자유케 하셨다.

(3) 모세보다 우월하심(3:1-4:16)

① **권고: 예수님을 바라보라**(3:1-6)

- 구약에서 모세는 하나님의 율법을 이스라엘에게 전달한 위대한 인물이었다. 그러나 하나님의 아들이신 예수님께서는 하나님의 종이었던 모세보다 우월하신 분이

예수 그리스도께서 주신 자유(히 2:15)
심판으로부터의 자유(요 5:24, 29)
사단의 권세로부터의 자유(행 26:18)
율법으로부터의 자유(엡 2:15)
죽음으로부터의 자유(히 13:6)
죄로부터의 자유(벧전 2:24)

본서에 그리스도의 예표로 소개된 구약인물
모세, 여호수아, 아브라함, 멜기세덱, 아벨, 에녹, 노아

시다.

- 예수님께서는 우리가 믿는 도리의 사도이시며 대제사장이시므로 우리는 예수님에 대한 소망의 확신과 자랑을 끝까지 붙잡아야 한다.

② **이스라엘의 불신앙**(3:7-4:11)

- 시편 95편을 보면 이스라엘은 모세의 인도 하에 출애굽했지만 그들의 불신앙과 반역 때문에 약속의 땅에 들어가지 못했다.
- 그리스도인들도 하나님의 허락하신 기업 또는 '안식'을 향하여 가는 여정 중에 있다. 그러므로 이스라엘처럼 마음을 완고하게 하지 말고, 끝까지 믿음을 견고히 잡아야 한다.

③ **권고: 말씀을 따라 예수님께 나아가라**(4:12-16)

- 하나님의 말씀은 인간의 죄의 실상을 드러낼 뿐만 아니라 인간 본성의 밑바닥까지 뚫고 들어간다. 그러므로 하나님께서 말씀하실 때 우리는 그 말씀을 신실하게 받아들여야 한다.
- 또한 우리는 말씀(믿는 도리)을 굳게 잡고 긍휼하심을 받고 때를 따라 돕는 은혜를 얻기 위해 대제사장이신 예수 그리스도 앞에 담대히 나아가야 한다.

	구약의 대제사장	그리스도
역할	중보 사역	
수단	제사 의식	십자가 죽음
방법	· 매년한 번 씩 드림 · 제물을 준비함	· 한 번에 모두 이루심 · 몸소 제물이 되심
목적	· 이스라엘 백성들의 사죄 · 하나님과 이스라엘 백성의 화목	· 인류의 죄 사함 · 하나님과 인간의 화목
증거	대제사장이 살아 나옴	성소와 지성소의 휘장이 찢어짐
의의	모형	성취

2. 그리스도 사역의 우월성(5:1-10:39)

(1) 위대한 대제사장 예수(5:1-10)

• 예수 그리스도께서는 우리의 연약함을 동정하시는 대제사장이시다. 특별히 본문에서는 다음의 두 가지 측면을 강조한다.

① 죄가 없으신 분

• 예수님께서는 모든 면에서 우리와 닮은 분이시다. 그러나 우리는 죄인이지만 그분은 죄가 없으시기 때문에 우리는 그분을 통해 확신을 품고 하나님께 나아갈 수 있다.

② 부르심에 순종하심

• 대제사장의 직무를 맡기 위해서는 부르심이 필요한데, 예수 그리스도께서는 하나님으로부터 직접 대제사장으로 부르심을 받았다. 예수님께서는 고난을 통해 순종함을 배우심으로 자신이 인간의 죄를 속하는데 필요한 희생 제사를 드릴 수 있는 완전한 대제사장이심을 실증해 보이셨다.

(2) 권고: 믿음을 굳게 하라(5:11-6:20)

① 성숙함의 중요성(5:11-6:8)

• 불신앙은 성도와 하나님과의 관계에 심각한 위협이 된다. 히브리서의 독자들은 믿은 지 오래되었지만 아직도

신앙의 초보단계에서 벗어나지 못하고 있었다.

- 은혜를 받고도 예수님을 배반하여 저주의 열매를 맺으면 하나님의 불의 심판을 받아 영원한 멸망에 이르게 된다. 그리스도의 도의 초보를 버리고 완전한 데로 나아가기에 항상 힘써야 한다.

② **하나님의 신실하심**(6:9-20)

- 하나님의 약속은 온전히 신뢰할 수 있다. 사람들은 약속을 지킬 것을 맹세할 때 자기보다 더 큰 사람의 권위를 의지하지만, 하나님께는 더 큰 이가 없기 때문이다.
- 하나님께서는 거짓이 없으시기 때문에 성도들은 그분의 약속을 온전히 신뢰할 수 있다.

(3) 멜기세덱의 반차를 따르는 대제사장(7:1-28)

① **멜기세덱의 제사장직**(7:1-10)

- 멜기세덱은 다섯 왕을 격파하고 돌아오는 아브라함을 축복했고, 아브라함은 그에게 십일조를 바쳤다.
- 아브라함이 십일조를 바쳤다는 사실과 멜기세덱이 아브라함을 축복했다는 것은 멜기세덱이 아브라함보다 우월한 위치에 있음을 보여준다.

② **그리스도 대제사장직의 우월성**(7:11-28)

- 구약의 대제사장들은 레위 지파로 아브라함의 후예들이었다. 그들은 자기 백성들의 죄를 다루기에 앞서 자기

"그리스도의 도의 초보를 버리고"(히 6:1)
초보 단계에 머물지 말고 충만한 믿음의 부요에 이르라는 뜻

신앙성숙을 위해 요구되는 것(히 6:10-12)
하나님의 이름으로 선을 행함(10절)
사랑으로 성도를 섬김(10절
하나님의 일에 부지런함(11절)
천국과 영생의 소망을 둠(11절)
게으르지 아니하고 믿음과 오래참음(12절)

멜기세덱(창 14장; 시 110편)
예수 그리스도의 제사장직의 모형이 되는 살렘 왕

예수 그리스도와 구약의 대제사장(히 7:27)

구분	예수 그리스도	대 제사장
죄의 유무	무죄	죄인
희생제물	자신	동물
제사횟수	단 한 번	매번
효력	영원히	일시적

들의 죄를 속할 희생 제사를 먼저 드려야 했다.

- 그들을 통해서는 온전함을 얻을 수 없기 때문에 죄가 없는 대제사장이 필요하게 되었다. 예수님께서는 멜기세덱의 반차를 따르는 대제사장으로, 단번에 자기를 드려 모든 사람의 죄를 속해주셨다.

구약의 제사장직	그리스도의 제사장직
불완전함(7:11)	온전함(7:11)
계명의 법을 따름(7:16)	불멸의 생명의 능력을 따름(7:16)
일시적–죽음에 의해 끝나는 직분(7:23)	영구적–영원한 제사장(7:21,24–25)
수효가 많음(7:23)	유일한 제사장
외적 형식에 의존	진정한 사랑의 동기

(4) 진정한 대제사장(8:1-13)

① 하늘 성소에서 섬김(8:1-6)

- 예수 그리스도께서는 대제사장으로 하나님의 보좌 우편에 앉아 성소와 참 장막에서 섬기고 계신다. 그런 점에서 예수님의 직분은 모형과 그림자인 땅의 성소에서 섬기는 자들의 제사 직분보다 더 우월하다.

중보자(히 8:10)
하나님과 인간 사이에서 행하시는 예수님의 사역으로 둘 사이에서 일을 중재하는 사람

② 새 언약(8:7-13)

- 예수님께서는 그 직분으로 모세의 옛 언약을 대체하는 새 언약을 세우셨다. 이 새 언약의 유일한 중보자가 예수 그리스도이시다.

(5) 영원하고 완전한 제사(9:1-10:18)

① 새로운 속죄 제의(9:1-15)

- 구약의 속죄일 제의에 사용되는 황소와 염소의 피는 오직 일시적인 속죄만을 이루지만 예수 그리스도의 피는 영원한 속죄를 이루신다.
- 그리스도께서는 자신의 피를 통하여 새 언약의 중보자가 되셨고, 새 언약을 통하여 부르심을 받은 사람들에게 영원한 기업을 물려주신다.

새 언약과 옛 언약의 차이점

옛 언약
돌판에 기록
하나님에 대한 무지 - 반복적인 가르침 필요
죄를 기억함-반복적인 속죄행위 필요

새 언약
마음판에 기록
하나님에 대한 지식
죄를 기억하지 아니함

구분	구약의 대제사장	예수 그리스도
성소	· 지상 장막의 성소에 들어감(9:7) · 지성소에는 매년마다 한 번씩 들어가야 함(9:7)	· 하늘 장막의 성소에 들어감(9:11–12) · 단번에 들어감(9:12)
제물	· 희생 제물(염소와 송아지)의 피(9:12) · 육체를 정결하게 함(9:13)	· 자신의 피(9:12) · 양심을 깨끗하게 하여 하나님을 섬기게 함(9:14)
제사	· 강제로 끌려와서 죽은 희생(9:13) · 율법에 의한 제사(9:13)	· 스스로 바친 희생(9:14) · 성령으로 말미암은 제사(9:14)

② 영원한 제사(9:16-28)

- 유언이 유언자가 죽어야 비로소 그 효력이 발생하는 것처럼 죄 사함의 약속(새 언약) 역시 그리스도께서 피흘리시고 돌아가심으로써 비로소 그 효력이 발생하게 되었다.
- 예수님께서는 우리에게 오셔서 우리를 위하여 하늘 성소로 들어가셔서 희생 제물이 되사 단번에 우리의 죄를 짊어지셨다.

③ 완전한 제사(10:1-18)

- 저자는 시편 40편 6-8절을 인용하며 구약의 희생 제사와 그리스도가 드리신 완전한 희생 제사를 대조하면서 구약의 제사들이 그 목적을 달성하지 못했다고 말한다.
- 예수 그리스도께서 드린 제사는 죄의 용서를 가져오는 동시에 더 이상 희생 제사를 드릴 필요가 없는 완전한 제사였다.
- 그리스도께서 드리신 완전한 제사로 말미암아 구약의 희생 제사는 더 이상 필요치 않게 되었고, 새롭게 된 마음과 생각에 새 언약이 주어졌다.

(6) 권고: 소망을 굳게 잡으라(10:19-31)

① 소망의 근거(10:19-22)

- 죄 때문에 인간과 하나님 사이에 가로놓여 있던 장벽이 철폐된 것은 그리스도의 피로 말미암아 우리의 죄가 깨끗이 용서받아 하나님께 나아갈 길이 열리게 되었기 때문이다.

성도의 교제가 필요한 이유
믿음에서 떨어지기 않기 위해 (눅 22:32)
복음을 널리 증거하기 위해 (고전 11:26)
하나님의 일을 온전히 이루기 위해(고전 12:12-13)
마귀의 공격을 함께 물리치기 위해(히 10:24-25)

② 성도의 의무(10:23-39)

- 성도들은 그 소망을 붙잡고 서로 격려하면서 모이기에 힘써야 한다.
- 성도들은 어떤 고난과 비방과 환란이 다가올지라도 더 낫고 영구한 소유가 있다는 믿음을 갖고 담대하게 끝까

지 인내하며 살아가야 한다.

3. 그리스도인의 우월성(11:1-13:25)

(1) 믿음과 믿음의 증인들(11:1-40)

① 믿음의 의미(11:1-3)

- 믿음은 인간의 지식과 논리로 입증할 수 있는 차원을 뛰어 넘어 존재하는 대상에 대해 온전히 신뢰하는 것이다.
- 믿음은 우리 눈에 보이지 않지만 그것이 진실임을 알 수 있는 존재이신 하나님과 그 약속에 대해 확신하는 것이다.

② 믿음의 증인들(11:4-40)

- 구약에 나타난 믿음의 증인들은 우리가 인내하는 참 그리스도인의 삶을 살아가는데 모범이 된다. 이들은 고난과 환란 가운데서도 모두 하나님의 말씀을 믿고 약속을 이루시기를 기대하는 믿음의 소유자들이었다.

히브리서 11장에 나타난 믿음의 선진들
아벨, 에녹, 노아, 아브라함, 사라, 이삭, 야곱, 요셉, 모세, 이스라엘 백성, 라합, 사사, 왕들, 순교자

(2) 믿음을 지키라(12:1-29)

① 고난 중에 예수를 바라보라(12:1-3)

- 그리스도인들의 삶은 마치 장거리 경주와 같으며, 믿음의 증인들이 성도들을 응원하고 있다.

징계에 대한 성도의 태도 (히 12:4-13)
경히 여겨서는 안됨(잠 3:11)
복인 줄 알고 감사해야 함 (시 94:12)
주의 사랑을 깨달아야 함 (히 12:8)
거룩으로 나아가야 함 (히 12:10)
의와 평강의 열매를 맺어야 함 (히 12:11-13)

- 성도들은 고난 중에도 "믿음의 주요 온전케 하시는 이" 이신 예수님을 바라보아야 한다. 예수님께서는 성도들보다 먼저 믿음의 삶을 걸어가시면서 그들이 따라가야 할 길을 밝혀주셨기 때문이다.

② 고난은 연단이다(12:4-13)

- 성도들은 그리스도인의 삶이라는 장거리 경주를 완주하기 위해 하나님으로부터 훈련(연단)을 받을 필요가 있다.
- 하나님의 연단을 받을 때 즐거워해야 하는데 그 이유는 연단이 그분의 관심과 사랑을 보여주는 표지이기 때문이다.

③ 고난을 통해 거룩함에 이르라(12:14-29)

- 연단을 통과할 때 우리는 하나님의 의와 평강의 열매를 맺고 거룩하심에 참여하게 된다.
- '우리가 흔들리지 않는 나라를 받았다' 는 놀라운 확신을 바탕으로 감사함으로 하나님을 기쁘시게 섬기라고 요청한다.

(3) 마지막 권면(13:1-17)

① 삶 가운데 표현되는 믿음(13:1-8)

- 성도들은 사랑과 인내하는 믿음을 실제로 삶 가운데 표현해야 한다.
- 예배란 삶의 모든 영역에서 예수 그리스도로 말미암아

하나님께 찬미의 제사를 드림으로써 하나님을 섬기고 (하나님 사랑), 하나님께서 명하시는 대로 다른 사람들을 섬기는 것이다(이웃 사랑).

② **성숙한 믿음**(13:9-17)

- 인생은 변하나 예수 그리스도께서는 늘 불변하시기 때문에, 예수님을 따라 그리스도인들도 늘 진보하여 성숙한 믿음에 이르러야 한다.
- 믿음에 걸림돌이 될 수 있는 죄를 벗어버리기에 항상 힘써야 한다.

(4) 결언 및 송영(13:18-25)

① **기도 요청**(13:18-19)

- 저자는 자신을 위하여 기도하며 자신이 수신자들(유대인으로서 그리스도인이 된 성도들)에게 돌아갈 수 있도록 기도해 주기를 요청하고 있다.

② **축복 기도**(13:20-21)

- 평강의 하나님께서 수신자들을 온전하게 하사 하나님의 뜻을 이루도록 기도하고 있다.

③ **마지막 인사**(13:22-25)

- 디모데가 놓인 것을 알리고, 인도하는 자들(교회의 지도자들)과 모든 성도들에게 문안할 것을 당부하며, 은혜가 모두에게 있도록 축도하고 있다.

히브리서의 적용과 실천

예수 그리스도께서는 나를 위해 하나님 앞에 나타나셨는데, 구원받은 우리는 다른 사람들을 위하여 중보자로서 삶을 나누고 있습니까(히 9:24; 참조. 시 5:10; 빌 4:8)?

히브리서 11장 1-2절 말씀을 암송하고 묵상해봅시다.

'믿음'이 없이는 하나님의 거룩한 백성이라고 할 수 없습니다. 보이지 않는 것을 믿는 믿음이야말로 귀한 것이며, 이런 믿음을 지닌 자들에게 하나님께서는 자기 자신을 분명하게 드러내시고 알게 하십니다.

히브리서(1~13장) 읽기

주일	월	화	수	목	금	토
1:1-2:18	3:1-4:16	5:1-6:20	7:1-8:13	9:1-10:39	11:1-12:29	13:1-25

야고보서

"인내를 온전히 이루라 이는 너희로 온전하고 구비하여 조금도 부족함이 없게 하려 함이라"(약 1:4)

기록목적 야고보서는 믿음에 대한 고백은 있었으나 삶 가운데 믿음의 실천을 잃어버린 그리스도인들에게 믿음을 바탕으로 어떻게 공동체를 지키며 살아가야 할지에 대한 실제적인 교훈을 제시하기 위한 목적으로 기록되었다.

저 자 예수님의 친동생이며 예루살렘 교회의 지도자였던 야고보

특 징
- 참된 경건이란 무엇인지에 대해서 여러 가지 실천적인 덕목을 제시하며 설명하고 있다.
- 형식과 내용 면에서 설교 혹은 윤리적인 권고문이다.
- 예수님의 가르침(특히 마 5-7장; 눅 6장)에 의존하여 진술하고 있다.

내·용·분·해

대분류	소분류	주요 내용
1. 믿음과 시련 (1:1–27)	(1) 인사(1:1)	
	(2) 시험에 대한 교훈 (1:2–18)	① 기뻐하라 ② 지혜를 구하라 ③ 물질에 의지하지 말라 ④ 참는 자는 복이 있다
	(3) 거듭난 새 삶: 하나님의 진리 안에 거하라(1:19–27)	① 속히 할 것/더디 할 것 ② 참된 경건
2. 사랑과 믿음 (2:1–26)	(1) 사랑으로 입증되는 믿음(2:1–13)	
	(2) 참 믿음과 거짓 믿음 (2:14–26)	① 믿는 자들의 오해 ② 야고보의 가르침
3. 성숙한 신앙인의 삶 (3:1–18)	(1) 혀의 올바른 사용 (3:1–12)	① 혀의 위력 ② 모순된 말의 사용금지
	(2) 참된 지혜와 거짓 지혜(3:13–18)	
4. 피하고 택해야 할 생활양식 (4:1–17)	(1) 우리의 삶(4:1–12)	① 분쟁의 원인 ② 분쟁의 해결책
	(2) 자기 신뢰에 대한 경고(4:13–17)	① 재물에 대한 신뢰 경고 ② 미래의 주관자 하나님
5. 종말을 살아가는 자세 (5:1–20)	(1) 부자들에 대한 경고 (5:1–6)	
	(2) 고난에 대한 태도 (5:7–11)	
	(3) 맹세에 대한 경고 (5:12)	

대분류	소분류	주요 내용
5. 종말을 살아가는 자세(5:1–20)	(4) 기도와 돌보는 일(5:13–18)	
	(5) 낙심하여 방황하는 신자들을 돌아오게 하라(5:19–20)	

내·용·연·구

1. 믿음과 시련(1:1-27)

(1) 인사(1:1)

야고보는 자신을 "하나님과 주 예수 그리스도의 종"으로 밝히면서 흩어져 있는 열두 지파에게 문안한다.

"흩어져있는 열두 지파"
(약 1:1)
스데반의 순교 이후 본격화된 핍박을 인해 팔레스타인 지역 외에 로마 제국 전역으로 흩어져 있던 유대계 그리스도인들을 가리킨다(행 8:1,4)

(2) 시험에 대한 교훈(1:2-18)

① 기뻐하라(1:2-4)

- 성도들은 여러 가지 시험을 마주했을 때 온전히 기쁘게 여겨야 한다.
- 믿음에 대한 시험이 인내를 낳으며, 인내는 그들을 단련시켜 '온전하고 구비하여 조금도 부족함이 없게' 만들

기 때문이다.

야고보
- '야고보'는 '발꿈치를 잡음' 또는 '추종자'라는 뜻
- 요셉과 마리아의 아들, 예수의 친동생(마 13:55; 막 6:3)
- 예루살렘 교회의 초대감독(행 12:17; 15:13; 21:18)

② **지혜를 구하라**(1:5-8)

- 먼저 하나님께 지혜를 구해야 한다. 하나님의 지혜는 인간 생활에서의 악을 대항하는 능력이 있다.
- 이 지혜를 얻기 위해서는 의심하지 말고 전심으로 하나님을 신뢰하며 기도해야 한다.

③ **물질에 의지하지 말라**(1:9-11)

- 낮은 형제는 하나님의 관점에서 자신을 보고 '자기의 높음을 자랑'해야 한다.
- 또한 부한 자는 자기의 부함이 곧 사라져버릴, 덧없는 것임을 깨달아야 한다.

④ **참는 자는 복이 있다**(1:12-18)

- 하나님께서는 시험을 참는 자에게 "생명의 면류관"을 약속하셨다.
- 시험은 하나님께로부터가 아니라, 자기 속에 있는 욕심에서 시작된다. 욕심은 죄를 낳고 죄가 장성하면 사망을 낳는다(욕심-죄-사망).
- 하나님께서는 항상 우리에게 각종 은사와 온전한 선물을 주신다. 그리고 우리를 진리의 말씀으로 낳아 첫 열매가 되게 하셨다(하나님-진리의 말씀-생명).

(3) 거듭난 새 삶: 하나님의 진리 안에 거하라(1:19-27)

① 속히 할 것/더디 할 것(1:19-21)

- 듣기는 속히 하고 말하기는 더디 하며 성내기도 더디 해야 한다.
- 이유: 모든 더러운 것과 넘치는 악이 말하는 것과 성내는 것에 연관되어 있기 때문이다.

② 참된 경건(1:22-27)

- 참된 성도는 그저 하나님의 말씀을 듣는 사람이 아니라 그 말씀을 듣고 순종하는(행하는) 사람이다.
- 믿음은 이론으로 그치는 것이 아니라 실천(분노와 악을 내버리고 혀를 통제하는 것)으로 나타나야 한다.
- 참된 성도의 참된 경건은 가난한 자를 돌보는 한편, 세속에 물들지 않도록 스스로를 지키는 것이다.

2. 사랑과 믿음(2:1-26)

(1) 사랑으로 입증되는 믿음(2:1-13)

- 당시 교회는 회당의 모임에서 부자를 가난한 사람보다 매사에 우대했다.
- 부자에 대한 우대 행위는 하나님의 시각이 아닌 세상의 시각으로 가난한 자들을 판단하고 차별한 것이며, 궁극

성도가 경계해야 할 것들
- 외모로 형제를 판단하는 태도(2:1,9)
- 가난한 자에 대한 멸시(2:1-4,6)

회당(약 2:2-3)
유대 회중이 모여서 기도와 성경 봉독과 설교와 마무리 축도로 안식일 예배를 드리는 곳.

적으로는 이웃 사랑의 계명을 위반한 것이었다.

- 그러므로 성도들은 '자유의 율법'에 따라 말과 행동을 해야 한다. 긍휼을 행하지 않는 자에게는 긍휼 없는 심판이 있을 것이다.

(2) 참 믿음과 거짓 믿음(2:14-26)

① 믿는 자들의 오해(2:14-16)

- 믿음을 오해한 자들은 그리스도를 믿기만 하면 선한 일을 할 의무가 없다고 생각했다(쾌락주의, 방종주의).
- 지식(입술)만의 신앙은 아무 가치가 없을 뿐 아니라 그 개인과 하나님의 나라에 오히려 피해를 끼친다.

② 야고보의 가르침(2:17-26)

- 믿음은 행위로 나타나야 한다. 사람이 선한 행위를 통해 하나님과 올바른 관계를 맺는 것은 아니지만, 진정한 믿음은 자연스럽게 선한 행위라는 결과를 낳기 때문이다.
- 행함이 없는 믿음은 죽은 것이다. 야고보는 이 점을 강조하고자 구약에서 아브라함과 라합의 두 사례를 인용하면서 믿음이 행함과 함께 일하고 행함으로 믿음이 온전하게 된다고 말한다.

3. 성숙한 신앙인의 삶(3:1-18)

(1) 혀의 올바른 사용(3:1-12)

① 혀의 위력(3:1-8)

- 많은 사람이 혀를 사용할 때 가장 쉽게 죄를 짓는다. 혀가 신체에서 작은 부분이지만 제어하기 아주 어렵고, 혀에는 온몸을 더럽히고 삶을 불사르는 위력이 있기 때문이다.
- 부주의하고 생각 없는 말이 막대한 결과를 초래하기 때문에 말하는 것에 관해 늘 조심해야 한다.

② 모순된 말의 사용금지(3:9-12)

- 믿는 자들의 문제는 한 입에서 찬송과 저주가 모두 나온다는 데에 있다.
- 우리가 말로 욕을 하거나 저주를 한다면 그것이 바로 우리 본성에서 나오는 것이며, 하나님에 대한 우리의 찬양은 위선이 되어버린다.
- 믿는 자들은 긍정적이고 살리는 말만 해야 한다.

(2) 참된 지혜와 거짓 지혜(3:13-18)

- 혀를 온전히 제어하기 위해서는 세상의 지혜가 아니라 하나님의 지혜가 필요하다.
- 야고보는 참된 하나님의 지혜의 일곱 가지 특징들을 제

시한다. "화평하게 하는 자들은 화평으로 심어 의의 열매를 거두느리라" (3:18).

4. 피하고 택해야 할 생활양식(4:1-17)

참된 지혜의 미덕

미덕	내용
성결	지적이며 육적인 욕망을 제거하고 전적으로 하나님을 추구하는 마음
화평	거짓 지혜의 알력이나 불화에 반대되는 개념
관용	자극 가운데 참는 것
양순	순종하는, 간청을 쉽게 받아들이는, 기꺼이 용서하는 것
긍휼	불쌍히 여기는 마음, '구제' 의 의미도 포함
선한 열매	참 지혜의 열매, 성령의 열매
편견과 거짓이 없음	편견: 한 쪽으로만 치우친 왜곡된 생각

(1) 우리의 삶(4:1-12)

① 분쟁의 원인(4:1-4)

- 공동체의 모든 갈등과 다툼은 정욕에서 나온다. 아무리 기도할지라도 그 기도가 정욕에서 출발한 것이라면 아무런 효력을 발휘하지 못한다.
- 다투고 싸우는 자들은 욕심에 따라 살아가고 있다는 점에서 간음한 자이자, 궁극적으로는 하나님의 원수이다.

② 분쟁의 해결책(4:5-12)

- 겸손하라(4:5-6): 하나님께서는 '교만' 한 자를 물리치시고, '겸손' 한 자에게 은혜를 주신다. 겸손(회개)은 스스로 행하던 일을 중단하고 하나님께 순종하는 것이다.
- 대적하라(4:7): 우리는 정욕 또는 욕심의 궁극적인 근원이 되는 마귀를 대적해야 한다. 마귀를 대적하면 그들은 피한다.
- 거룩하라(4:8): 죄악 된 행습을 제거하고(손을 깨끗이 함), 오직 하나님께만 헌신해야 한다(마음을 성결케 함).

- 겸손하라(4:9-10): 자기의 죄에 대해서 애통해 하고 낮아진 마음으로 하나님께 나아갈 때 하나님께서는 그 회개를 받아들이시고 사랑으로 응답하시고 그를 높여주신다.
- 비방하지 말라(4:11-12): 그리스도인들은 피차에 비방해서는 안 된다. 비방하는 말들이 공동체를 분열시키고 무질서하게 만들기 때문이다. 오직 하나님만이 입법자요, 재판관이 되신다.

(2) 자기 신뢰에 대한 경고(4:13-17)

① 재물에 대한 신뢰 경고(4:13-14)

- 교회 안의 부자들은 세상에 물든 사람들로 스스로의 재물을 의지하는 한편, 자기 인생의 미래에 관해 근거 없는 확신을 품고 자랑하고 있었다.
- 물질에 의지하는 삶은 어리석은 삶이다. "내일 일을 너희가 알지 못하는도다 너희 생명이 무엇이냐 너희는 잠깐 보이다가 없어지는 안개니라" (4:14).

② 미래의 주관자 하나님(4:15-17)

- 우리 미래는 오직 하나님께 달려 있으며, 하나님만이 미래에 무슨 일이 일어날지 알고 계신다.
- 미래를 계획할 때는 항상 먼저 '주의 뜻' 을 생각해야 한다.

5. 종말을 살아가는 자세(5:1-20)

(1) 부자들에 대한 경고(5:1-6)

- 교회 밖의 부자들은 울고 통곡해야 한다. 품꾼에게 품삯을 주지 않는 등 가난한 그리스도인들을 착취하고, 교회를 압박했기 때문이다.
- 착취당한 자들의 원성이 주의 귀에 들렸다. 하나님께서는 그들의 울음소리를 들으시고, 말세와 살육의 날에 부자들을 심판하실 것이다.

(2) 고난에 대한 태도(5:7-11)

- 부자들에게 압제를 당하고 있는 그리스도인들은 그리스도가 다시 오시기까지 마음을 굳건하게 하며 인내해야 한다.
- 선지자들과 욥을 고난과 오래 참음의 본으로 삼으라고 말씀하셨다.
- 하나님께서는 인내하는 자들을 잊지 않으시고 그들에게 긍휼과 자비를 내리신다.

(3) 맹세에 대한 경고(5:12)

- 모든 말은 참이어야 하고 모든 것이 떳떳하고 정직해야 한다. 예수님께서는 모든 말에 대해 심판을 받게 될 것

이라고 말씀하셨다(마 12:36).

- 하나님께서는 모든 말을 들으시기 때문에 그리스도인들에게는 모든 진술이 다 하나님 앞에서 하는 맹세와 같은 것이 되어야 한다.

(4) 기도와 돌보는 일(5:13-18)

- 고난을 당하는 자는 기도하고, 즐거워하는 자는 찬송해야 한다. 병든 자들은 교회의 장로들을 청하고 장로들은 주의 이름으로 기름을 바르며 기도해야 한다.
- 의인의 기도는 역사하는 힘이 크다. 그러나 기도하기 전에 먼저 죄를 고백하고 나아가는 것이 필요하다.

(5) 낙심하여 방황하는 신자들을 돌아오게 하라(5:19-20)

- 성도들은 믿음 안에서 서로 돕고 바로 잡아주어야 한다.
- 그리스도인이 된 후에 다시 미혹되어 진리를 떠난 자를 돌아서게 하는 것은 그의 영혼을 사망에서 구원하며 허다한 죄를 덮는 것이다.

야고보서의 적용과 실천

나에게 닥친 믿음의 시련에 대해 온전히 인내하고 있습니까(1:2-4)?

참된 지혜 중 자신의 삶의 말과 행동에서 더욱 절실히 요구되는 것은 무엇입니까(3:13-18)?

기독교의 실천(2:14-26)은 공동체 안에서 행함의 중요성을 강조합니다. 그리스도인들은 말씀을 듣는 자로 머물러 있는 것이 아니라 '말씀을 행하는 자'가 되어야 합니다.

야고보서(1~5장) 읽기

주일	월	화	수	목	금	토
1:1-18	1:19-27	2:1-13	2:14-26	3:1-18	4:1-17	5:1-20

베드로전서

"사랑하는 자들아 너희를 연단하려고 오는 불 시험을 이상한 일 당하는 것 같이 이상히 여기지 말고 오히려 너희가 그리스도의 고난에 참여하는 것으로 즐거워하라 이는 그의 영광을 나타내실 때에 너희로 즐거워하고 기뻐하게 하려 함이라"(벧전 4:12-13)

기록목적 베드로전서는 핍박을 피해 곳곳에 흩어진 성도들로 하여금 믿음 안에서 소망을 얻도록 하기 위해 기록되었다.

저 자 베드로

특 징 – 전반부에는 신앙적, 윤리적 차원에서의 실천적인 권고가 나타난다.
– 후반부에는 고난 가운데 있는 성도들에게 고난의 이유를 설명하며 위로하고, 세상에서의 올바른 행동지침을 제시하고 있다.

내·용·분·해

대분류	소분류	주요 내용
1. 구원 계획 (1:1-12)	(1) 인사(1:1-2)	
	(2) 찬송(1:3-9)	
	(3) 구원(1:10-12)	
2. 실천적 신앙 생활 (1:13-3:12)	(1) 거듭난 자의 새로운 삶(1:13-2:10)	① 예수님처럼 사는 삶 ② 다른 그리스도인들에 대한 사랑 ③ 성장하고자 하는 열망 ④ 하나님의 백성이 됨
	(2) 세상의 제도 안에서의 그리스도인 (2:11-3:12)	① 인간 관계에 대한 일반 원리 ② 땅의 권세들에 대한 태도 ③ 가족에 대한 태도 ④ 사람에 대한 태도
3. 고난에 대한 권면 (3:13-4:19)	(1) 고난의 의미 (3:13-4:11)	① 고난: 복 ② 고난: 하나님의 뜻 ③ 성도들이 가야할 길
	(2) 그리스도의 고난과 영광에 동참(4:12-19)	① 즐거워하라 ② 영광을 돌리라
4. 권고와 맺음말 (5:1-14)	(1) 마지막 권면의 말 (5:1-11)	① 장로들에게 ② 젊은 자들에게 ③ 모든 교인들에게
	(2) 문안과 축도(5:12-14)	

내·용·연·구

1. 구원 계획(1:1-12)

(1) 인사(1:1-2)

- 베드로는 자신을 "예수 그리스도의 사도"로 소개하며 아시아 전역에 흩어져 있는 성도들에게 문안한다.
- 성도들은 "이미 하나님의 택하심을 받은 자들"이요 "이 세상에 머무는 나그네들"(그들은 이 세상에서 살고 있지만 이 세상에 속한 사람들이 아니다)이다. 그들의 구원은 아버지와 아들과 성령께서 함께 이루셨다.

(2) 찬송(1:3-9)

- 긍휼이 많으신 하나님께서는 예수 그리스도의 부활을 통해 우리를 거듭나게 하셨다.
- 그 결과 우리는 새로운 삶에 대한 산 소망을 갖게 되는데 이 소망은 세상의 기업이 아닌, 하늘의 영원한 기업에 대한 소망이다. 어떤 고난의 위협이 다가올 지라도 그것이 그리스도 안에 있는 우리의 소망을 빼앗아가지 못한다.
- 우리가 마지막 때까지 하나님에 대한 믿음과 주신 약속을 붙잡으면 예비하신 구원을 얻게 될 것이다.

"너희 믿음의 확실함은 불로 연단하여도 없어질 금보다 더 귀하여 예수 그리스도께서 나타나실 때에 칭찬과 영광과 존귀를 얻게 할 것이니라" (벧전 1:7)

흩어진 나그네(벧전 1:1)
이방 땅에 신앙박해로 인해 흩어진 성도들을 가리킨다.

〈그리스도에 대한 은유적 표현〉

내용	성구
흠 없는 어린 양	1:9
보배로운 산 돌	2:4
요긴한 모퉁이 돌	2:6
보배	2:7
머릿돌	2:7
믿지 않는 자에게 거치는 반석	2:8
믿지 않는 자에게 부딪히는 돌	2:8
영혼의 목자	2:25
감독되신 이	2:25
목자장	5:4

(3) 구원(1:10-12)

- 하나님께서 예비하신 구원은 성령(그리스도의 영)이 구약의 위대한 선지자들에게 이미 알려주셨던 것이다.
- 선지자들은 하나님께서 메시야를 보내실 것이며, 그 메시야의 백성들이 그의 고난과 영광에 동참케 될 것임을 알고 있었다.
- 예수 그리스도께서 오심으로 구약의 위대한 소망과 기대가 마침내 완성되었다.

2. 실천적 신앙생활(1:13-3:12)

(1) 거듭난 자의 새로운 삶(1:13-2:10)

① 예수님처럼 사는 삶(1:13-21)

- 구원은 그리스도인들에게 그에 상응하는 삶을 요구한다. 우리는 하나님의 거룩하심을 따르고, 그리스도를 닮아가야 한다.
- 예수님께서는 우리의 본이시자 우리의 목표이시며, 하나님께서는 그리스도의 보배로운 피로 자녀가 된 우리를 행위에 따라 심판하실 분이시다.
- 하나님께서 그리스도를 살리시고 영광을 주셨기 때문에 우리는 믿음과 소망을 가지고 주님이 가신 길을 따를

수 있다.

② **다른 그리스도인들에 대한 사랑**(1:22-25)

- 구원을 통해서 우리는 과거의 죄로부터 영혼의 깨끗함을 입고, 형제들을 향한 뜨거운 사랑이 생겨나게 된다.
- 형제 사랑은 하나님의 살아 있고 항상 있는 말씀을 통해 거듭난 존재라는 인식을 통해 더욱 강력해진다.

③ **성장하고자 하는 열망**(2:1-3)

- 성도들은 모든 악(악독, 기만, 외식, 시기, 비방하는 말)을 버리고 갓난아기같이 순전하고 신령한 젖을 사모하며 구원에 이르도록 자라가야 한다.
- 영적 성장을 이루기 위한 열망을 가지고 나아가야 구원의 성취를 최종적으로 이루게 된다.

④ **하나님의 백성이 됨**(2:4-10)

- 성도들이 택하심을 입은 보배로운 산 돌이신 그리스도와 지속적인 사귐을 갖는다면 그분과 같이 산 돌들이 되어 하나의 신령한 집으로 세워져 갈 것이다.
- 하나님께서는 예수 그리스도를 보배로운 모퉁잇돌로 두어 그를 믿는 자는 구원받게 하셨고, 믿지 않는 자들에게는 걸림돌이 되어 넘어지게 하셨다.
- 성도들은 택하신 족속, 왕 같은 제사장, 거룩한 나라, 하나님의 소유가 된 백성이다. 하나님께서 당신의 독생자의 피로 그들을 사셨고, 어둠에서 빛으로 옮기셨기 때문

"너희는 택하신 족속이요 왕 같은 제사장들이요 거룩한 나라요 그의 소유가 된 백성이니 이는 너희를 어두운 데서 불러 내어 그의 기이한 빛에 들어가게 하신 이의 아름다운 덕을 선포하게 하려 하심이라"(벧전 2:9)

모퉁이 돌(벧전 2:6)
예수 그리스도를 상징하며, 교회와 우리 모든 성도들 신앙의 가장 견고한 기초가 되심을 의미

이다.

• 성도들은 하나님께 신령한 제사를 드리고 덕을 선포할 의무를 갖는다(예배와 복음 증거).

"죄가 있어 매를 맞고 참으면 무슨 칭찬이 있으리요 그러나 선을 행함으로 고난을 받고 참으면 이는 하나님 앞에 아름다우니라" (벧전 2:20)

(2) 세상의 제도 안에서의 그리스도인(2:11-3:12)

① 인간관계에서의 태도에 대한 일반 원리(2:11-12)

• 성도들은 이 세상에서 거류민과 나그네 같은 사람이다.

• 성도들은 하나님의 택한 백성으로서 영혼을 거슬러 싸우는 육체의 정욕을 제어하고, 선을 행해야 한다.

② 땅의 권세들에 대한 태도(2:13-25)

• 성도들이 선을 행할지라도 단지 그리스도인이라는 이유만으로 이 땅의 권세들(법 제도를 포함하여)로부터 고난과 핍박을 당할 수 있다.

"젊은 자들아 이와 같이 장로들에게 순종하고 다 서로 겸손으로 허리를 동이라 하나님은 교만한 자를 대적하시되 겸손한 자들에게는 은혜를 주시느니라" (벧전 3:5)

• 고난과 핍박 중에도 권세들에 순종하고, 선을 행하는 것을 멈춰서는 안 된다. 예수 그리스도께서도 권세들로부터 고난을 기꺼이 감당하심으로 그 대속의 사역을 완성하셨고, 우리의 모범이 되셨기 때문이다.

• "그리스도를 위하여" 선을 행하며 고난당할 때 많은 믿지 않는 자들이 주님의 품으로 돌아올 것이다.

③ 가족에 대한 태도(3:1-7)

• 선을 행하는 것은 땅의 권세들에만 국한되는 것이 아니라 가족에 있어서도 적용된다.

- 믿는 아내는 그들의 정결한 행실과 순종을 통해 믿지 않는 남편을 구원으로 인도해야 하고, 남편은 아내에게 사랑과 이해로 응답해야 한다.

④ **사람에 대한 태도**(3:8-12)

- 선을 행하는 것은 모든 사람과 적극적으로 화평을 추구하며 흠 없고 정직한 길을 걷는 것이다.
- 마음을 같이하여 동정하며 형제를 사랑하며 불쌍히 여기며 겸손하며 악을 악으로, 욕을 욕으로 갚지 말고 도리어 복을 빌 때(3:8-9), 하나님의 약속된 복이 임한다.

예수 그리스도의 고난과 인내

- 욕을 당하시되 욕하지 않으심
- 고난을 받으시되 위협하지 않으심
- 나무에 달리시고 채찍에 맞으심

우리가 받는 복

- 죄에 대하여 죽고 의에 대하여 살게 됨
- 나음을 얻게 됨
- 하나님께로 돌아오게 됨

3. 고난에 대한 권면(3:13-4:19)

(1) 고난의 의미(3:13-4:11)

① **고난: 복**(3:13-16)

- 선을 행하는 가운데 의를 위하여 고난을 받는 것은 복이 있다.
- 세 가지 지침
  - 고난을 두려워하지 말라
  - 마음의 중심에 그리스도를 주로 삼으라
  - 그를 경외하는 마음과 선한 행동과 온유한 마음으로 나아가라

"그리스도께서도 단번에 죄를 위하여 죽으사 의인으로서 불의한 자를 대신하셨으니 이는 우리를 하나님 앞으로 인도하려 하심이라"(벧전 3:18)

〈마지막 때 힘써야 할 것〉

내용	성구
세상의 유혹에 대해 경계함	4:7
깨어서 기도해야함	4:7
근심해야 함	4:7
서로 사랑해야 함	4:8
서로 용납해야 함	4:8
서로 대접해야 함	4:9
은사를 잘 활용함	4:10
서로 봉사함	4:10

"만물의 마지막이 가까이 왔으니 그러므로 너희는 정신을 차리고 근신하여 기도하라 무엇보다도 뜨겁게 서로 사랑할지니 사랑은 허다한 죄를 덮느니라"(벧전 4:7-8)

② 고난: 하나님의 뜻(3:17-22)

- 선을 행함으로 고난 받는 것은 하나님의 뜻이며, 예수님께서는 고난을 통해 하나님의 뜻을 이루셨다.
- 예수님께서는 죽음과 부활(침례의 의미)을 통해 우리의 죄를 씻으시고 하나님께로 인도해 주셨다.
- 고난은 예수님을 따르는 자들도 가야할 길이다.

③ 고난: 성도들이 가야할 길(4:1-11)

- 육체의 고난은 성도들로 하여금 하나님의 뜻을 따라 살게 만든다. 그들의 행동과 습관이 완전히 변하자 성도들은 박해의 표적이 된다.
- 중요한 것은 비록 그들이 육체로는 사람들의 심판을 받을지라도 영으로는 하나님을 따르는 것이라는 사실이다.
- 그리스도인들이 세상에서 항상 형통한 것은 아니다. 오히려 고난을 당할 때가 더 많을 수 있다.
- 고난 당하더라도 마지막 때를 기다리며 근신하며, 서로 사랑하며, 하나님께서 우리에게 주신 은사의 부지런한 청지기가 되어 깨어 기도해야 한다. 그것이 하나님께 영광을 돌리는 것이다.

(2) 그리스도의 고난과 영광에 동참(4:12-19)

- 성도들은 고난을 당할 때 즐거워해야 한다.
- 그것이 그리스도의 고난에 참여하는 것이며 그 가운데 하나님의 영이 함께 하는 복이 있을 것이다.
- 그러므로 성도들은 고난을 받을 때 오히려 하나님께 영광을 돌리고 선을 행하는 가운데 그 영혼을 하나님께 맡겨야 한다.

4. 권고와 맺음말(5:1-14)

(1) 마지막 권면의 말(5:1-11)

① 장로들에게(5:1-4)

- 하나님의 양 무리를 치되 하나님의 뜻을 따라 자원함으로 하고, 더러운 이득을 위하여 하지 말고 기꺼이 해야 한다.
- 또한 주장하는 자세를 하지 말고, 양 무리의 본이 되어야 한다.

② 젊은 자들에게(5:5-6)

- 장로들에게 순종하고 겸손으로 허리를 동여야 한다.

③ 모든 교인들에게(5:7-11)

- 돌보아 주시는 하나님께 모든 염려를 맡겨야 한다.

• 마귀는 항상 삼킬 자를 찾고 있지만 성도들이 깨어서 믿음 가운데 굳건히 서있다면 그 모든 공격을 이겨낼 수 있다.
• 하나님께서는 성도들을 위로하시고 회복시켜 주신다.

(2) **문안과 축도**(5:12-14)

베드로는 고난이 하나님의 참된 은혜이기 때문에 그 은혜에 굳게 설 것을 다시 한번 권면하고 그리스도 안에 있는 모든 성도에게 평강이 있기를 빌고 있다.

베드로전서의 적용과 실천

고난에 대해 우리가 취해야 할 자세는 무엇입니까(1:6-7)?

오늘날 사단은 여러 매체를 통해 우는 사자처럼 삼킬 자를 찾고 있습니다. 이에 대한 우리의 대책은 무엇입니까(5:8)?

우리가 근심과 염려에 사로잡히게 되면 생명과 능력의 근원이 되시는 하나님을 바라보지 못하게 되어 하나님과 멀어지게 됩니다. 그러므로 더욱 담대하게 굳건한 믿음으로 모든 염려를 주께 맡기고 고난 가운데에서도 찬양과 감사와 구원의 기쁨으로 인내할 때 영원한 축복과 영광을 얻게 됩니다.

베드로전서(1~5장) 읽기

주일	월	화	수	목	금	토
1:1-12	1:13-2:10	2:11-3:12	3:13-4:11	4:12-19	5:1-11	5:12-14

베드로후서

"사랑하는 자들아 너희가 이것을 미리 알았은즉 무법한 자들의 미혹에 이끌려 너희가 굳센 데서 떨어질까 삼가라 오직 우리 주 곧 구주 예수 그리스도의 은혜와 그를 아는 지식에서 자라 가라"(벧후 3:17-18)

기록목적 베드로후서는 성도들의 영적 성장에 도움이 되는 지침들을 제시하여 믿음 가운데 굳건히 서게 하는 한편, 그리스도의 재림이 없다면서 교회를 흔들고 있는 거짓 선생들의 주장을 반박하기 위해 기록되었다.

저　　자 베드로

특　　징
- 고난을 이겨내고 영적으로 성장하기 위해서는 예수님을 따라 말씀에 순종해야 함을 가르친다.
- 그리스도의 재림이 있음을 확신하면서 깨어서 인내하며 기다리도록 권면하고 있다.

내·용·분·해

대분류	소분류	주요 내용
1. 신앙의 성숙 (1:1–21)	(1) 인사(1:1–2)	
	(2) 영적 성장에로의 촉구 (1:3–11)	① 하나님의 능력과 약속 ② 영적 성장의 덕목들 ③ 궁극적인 목표: 온전하고 최종적인 구원
	(3) 사도적 증언과 예언의 음성(1:12–21)	① 베드로의 개인적인 호소 ② 사실에 근거한 믿음 ③ 예언자들의 말에 대한 확증
2. 거짓 선생에 대한 경고 (2:1–3:13)	(1) 거짓 선생들에 대한 정죄(2:1–22)	① 거짓 선생들의 위협 ② 심판을 받은 자들 ③ 심판을 받을 자들
	(2) 그리스도의 재림의 확실성(3:1–13)	① 기억하라 ② 재림에 대한 거짓 가르침 ③ 재림과 그 이후에 있을 일
3. 여러 가지 권면들(3:14–18)	(1) 마지막 권면의 말과 인사(3:14–17)	
	(2) 영광송(3:18)	

내·용·연·구

1. 신앙의 성숙(1:1-21)

"하나님과 우리 주 예수를 앎으로 은혜와 평강이 너희에게 더욱 많을지어다" (벧후 1:2)

(1) 인사(1:1-2)

- 베드로는 자신을 "예수 그리스도의 종이며 사도"로 소개 한다.
- 수신자들은 우리 하나님과 구주 예수 그리스도의 의를 힘입어 동일하게 보배로운 믿음을 가지고 있다.
- 우리가 하나님과 주 예수를 알 때 은혜와 평강이 더욱 풍성하게 임할 것이다.

(2) 영적 성장에로의 촉구(1:3-11)

"그러므로 형제들아 더욱 힘써 너희 부르심과 택하심을 굳게 하라 너희가 이것을 행한즉 언제든지 실족하지 아니하리라" (벧후 1:10)

① 하나님의 능력과 약속(1:3-4)

- 우리를 부르신 이를 알 때 하나님의 능력을 통해 생명과 경건에 속한 모든 것을 받게 된다.
- 하나님께서는 보배롭고 지극히 큰 약속을 주시고, 정욕 때문에 세상에서 썩어질 것을 피하여 신성한 성품에 참여하는 자가 되게 하신다.

② 영적 성장의 덕목들(1:5-9)

- 성도들은 예수님처럼 되기까지 성장해야 한다.
- 우리가 다음의 덕목들을 추구할 때 점점 하나님을 아는

참된 지식이 풍성하게 된다.

〈신성한 성품에 참여하는 자가 갖추어야 할 덕목〉

덕 목	의 미
믿음	신앙생활의 첫 관문으로서 하나님께서 주시는 선물
덕	하나님의 성품을 따라 범사에 선을 추구하는 용기
지식	하나님의 뜻을 따라 살게 하는 판단력과 이해력
절제	자신을 바로 알고 자기를 통제하는 힘
인내	환난을 견디어 내어 이김
경건	하나님께 대한 올바른 예배와 헌신
형제 우애	이웃을 위한 희생과 봉사와 헌신
사랑	희생을 통해서 값없이 주는 선물로서 성도가 갖추어야 할 최고의 덕목

③ 궁극적인 목표: 온전하고 최종적인 구원(1:10-11)

- 성도들은 실족하지 말고 이러한 덕목들을 통해 부르심과 택하심(구원)을 굳게 해야 한다.
- 하나님께서는 신실함을 지킨 자들에게 그들이 하나님의 본성에 동참하고, 죄악이 가득한 이 세상을 피해 영원한 나라에 들어가게 될 것을 약속하셨다.

(3) 사도적 증언과 예언의 음성(1:12-21)

① 베드로의 개인적인 호소(1:12-15)

- 베드로는 성도들이 이미 진리 가운데 서 있지만, 자신이 죽은 후에도 그들이 진리를 계속 생각하게 하기 위해서

편지를 남긴다고 밝힌다.

② **사실에 근거한 믿음**(1:16-18)

- 베드로는 사도로서 충분한 자격을 가지고 있으며, 그가 예수님의 능력과 장차 오실 것에 대해 전한 말은 거짓으로 지어낸 것이 아니다.
- 예수님께서 변화산에서 변모되셨을 때에 그의 영광과 그의 신분을 확증해 주는 하늘의 음성을 베드로가 직접 들었다.

③ **예언자들의 말에 대한 확증**(1:19-21)

- 성도들은 이 세상의 어둠 속에서 온전한 빛이 나타날 때까지 예언자들이 전해준 말들을 굳게 붙잡아야 한다.
- 그리스도께서 오심으로 예언자들이 전해 준 말씀이 확증되었다.
- 성도들은 예언자들의 말씀을 자의적으로 해석해서는 안된다. 왜냐하면 그들은 성령의 감동을 받아서 예언했기 때문이다.

"예언은 언제든지 사람의 뜻으로 낸 것이 아니요 오직 성령의 감동하심을 받은 사람들이 하나님께 받아 말한 것임이라" (벧후 1:21)

2. 거짓 선생에 대한 경고(2:1-3:13)

(1)거짓 선생들에 대한 정죄(2:1-22)

① 거짓 선생들의 위협(2:1-3)

거짓 선생의 속성(벧후 2:1-3)
가만히 끌어들임
주를 부인함
호색하는 것을 따름
탐심으로 지어낸 말로 이득을 삼음

- 교회 안에 거짓 선생들이 나타난 것은 전혀 새로운 일이 아니라 늘 있었던 일이 다시 일어난 것이다.
- 거짓 선생들의 등장은 기독교 신앙의 기초를 부인하거나 그 기초에 의심을 품게 함으로써 복음에 심각한 위협을 준다.
- 거짓 선생들은 그리스도의 주되심을 부정하고, 부도덕한 삶의 방식을 전파하면서 그들의 탐심을 채우고 성도들을 멸망으로 이끌어갔다.
- 거짓 선생들은 반드시 하나님의 정죄와 심판을 받을 것이다.

② 심판을 받은 자들(2:4-10)

"주께서 경건한 자는 시험에서 건지실 줄 아시고 불의한 자는 형벌 아래에 두어 심판 날까지 지키시며"(벧후 2:9)

- 타락한 천사들, 노아 시대의 사람들, 소돔과 고모라의 백성들은 그들의 교만, 불순종, 부도덕 때문에 심판받았지만, 의로운 노아와 일곱 식구, 롯은 건지심을 받았다.
- 하나님께서는 경건한 자를 시험에서 건지시고, 불의한 자는 심판하심으로 후세의 경건하지 아니할 자들에게 본을 삼으신다.

③ **심판을 받을 자들**(2:11-22)

- 거짓 선생들은 거만하고, 음탕하며, 부도덕하고, 탐욕스러운 자들이다. 첫째, 그들의 제안은 매혹적으로 들릴지 모르지만 실체가 없다. 둘째, 그들은 새로운 그리스도인들이 세상의 길로 되돌아가도록 미혹하기 위해 감각적인 쾌락을 사용하여 접근한다. 셋째, 그들은 철저한 속임수를 쓴다. 그들이 말하는 자유는 죄의 속박으로 인도할 뿐이다.
- 예수 그리스도를 알고 난 후에 떠나면 처음 형편보다 더 못하게 된다.

거짓 선생의 활동(벧후 2:15-18)
허탄한 자랑의 말을 토함
거룩한 교제를 세상의 사교장으로 여김
하나님을 떠난 정욕의 노예가 됨

거짓 선생의 결과(벧후 2:17-22)
물 없는 샘
광풍에 밀려가는 안개
멸망의 종들이므로 아무에게도 자유를 줄 수 없음
진리를 알고 난 후에 떠난 자들로 처음 형편보다 더 못하게 됨
마지막 갈 곳은 하나님이 예비하신 어둡고 캄캄한 곳

(2) 그리스도의 재림의 확실성(3:1-13)

① **기억하라**(3:1-2)

성도들은 거룩한 선지자들이 예언한 말씀과 주님께서 명령하신 것을 기억하고 생각해야 한다.

② **재림에 대한 거짓 가르침**(3:3-4)

거짓 선생들은 주님의 재림이 있을 것을 부정하고, 인간의 삶이 계속해서 변함없이 진행되어 나가는 것이라고 가르쳤다.

③ **재림과 그 이후에 있을 일**(3:5-14)

- 성도들은 노아의 홍수 사건을 기억해야 한다. 하나님께서는 물을 통해서 세상을 멸망시키셨다. 마찬가지로, 하

나님께서는 재림하셔서 만유(萬有)를 불로 멸할 것이라는 자신의 약속도 지키실 것이다.

- 만물이 계속해서 변함없는 것처럼 보이지만, 이것은 하나님의 시간표가 우리의 시간표와 다르기 때문이다.
- 하나님께서는 우리에 대해 오래 참으사 아무도 멸망당하지 않고 회개하여 구원받기를 기다리신다. 재림이 지체된다는 것은 한 사람이라도 더 구원하시기 위한 하나님의 은혜이다.
- 주의 날이 갑작스럽게 임하면 만유의 총체적인 멸망이 있게 될 것이다.
- 그러나 그것이 끝이 아니다. 하나님께서는 의에 의해서 지배될 새 하늘과 새 땅을 창조하실 것이고, 거룩한 행실과 경건함으로 하나님의 날을 사모하는 자들은 그곳에서 살아가게 될 것이기 때문이다.

"주의 약속은 어떤 이들이 더디다고 생각하는 것 같이 더딘 것이 아니라 오직 주께서는 너희를 대하여 오래 참으사 아무도 멸망하지 아니하고 다 회개하기에 이르기를 원하시느니라" (벧후 3:9)

3. 여러 가지 권면들(3:14-18)

(1) 마지막 권면의 말과 인사(3:14-17)

- 성도들은 주님의 재림을 기대하고, 그분의 오래 참으심을 감사하는 가운데 거룩한 삶을 살아야 한다.
- 자신을 미혹하려는 무법한 자들을 삼가고, 예수 그리스

도의 은혜와 그를 아는 지식에서 자라가야 한다.

(2) **영광송**(3:18)

"영광이 이제와 영원한 날까지 그에게 있을지어다"는 영광송으로 서신을 끝맺는다.

베드로후서의 적용과 실천

하나님과 예수 그리스도를 앎으로 우리에게 풍성히 주어지는 것은 무엇입니까(1:2)?

하리가 신성한 성품에 참여함으로 열매 있는 자가 되기 위해서 자라가야 할 덕목은 무엇입니까(1:4-8)?

하나님께서는 이미 우리에게 생명과 경건의 속한 모든 것을 주셨습니다. 그러므로 약속하신 하나님의 말씀을 붙잡고 더욱 힘써 신성한 성품에 참여해야 합니다.

베드로후서(1~3장) 읽기

주일	월	화	수	목	금	토
1:1-11	1:12-21	2:1-14	2:15-22	3:1-7	3:8-13	3:14-18

요한일서

"우리가 보고 들은 바를 너희에게도 전함은 너희로 우리와 사귐이 있게 하려 함이니 우리의 사귐은 아버지와 그의 아들 예수 그리스도와 더불어 누림이라 우리가 이것을 씀은 우리의 기쁨이 충만하게 하려 함이라" (요일 1:3-4)

기록목적 요한일서는 당시 교회 안에 침투했던 이단사상을 경계하고, 성도들을 믿음에 견고히 서게 하기 위하여 기록되었다.

저 자 사도 요한

특 징
- 요한일서에는 "하나님께 속한, 하나님 안에 거하는" 이라는 말이 자주 반복된다.
- 요한서신에 나타난 윤리관에서 가장 강조되어지는 점은 "하나님과의 관계" 이다. 그리스도인은 하나님 안에 거할 때 풍성한 열매를 맺게 되고 하나님의 자녀다운 삶을 살아갈 수 있기 때문이다.

내·용·분·해

대분류	소분류	주요 내용
1. 사랑 안에 거하라 (1:1-5:21)	(1) 서론(1:1-4)	
	(2) 하나님은 빛이시다 (1:5-2:29)	① 하나님은 빛이시다 ② 죄를 버리라 ③ 서로 사랑하라 ④ 성령 안에 거하며 믿음을 지키라
	(3) 하나님은 아버지시다 (3:1-4:6)	① 하나님은 아버지시다 ② 죄를 버리라 ③ 서로 사랑하라 ④ 성령 안에 거하며 믿음을 지키라
	(4) 하나님은 사랑이시다 (4:7-5:12)	① 사랑의 하나님 ② 서로 사랑하라 ③ 믿음을 지키라
	(5) 결론(5:13-21)	① 그리스도인의 담대함

내·용·연·구

1. 사랑 안에 거하라(1:1-5:21)

"만일 우리가 우리 죄를 자백하면 그는 미쁘시고 의로우사 우리 죄를 사하시며 우리를 모든 불의에서 깨끗하게 하실 것이요" (요일 1:9)

(1) 서론(1:1-4)

- 요한일서는 예수님의 하나님이심에 대한 확고한 선포로 시작된다. 예수님께서는 육신을 입고 이 땅에 오신 분으로서, 귀로 듣고, 눈으로 보고, 손으로 만질 수 있는 완전한 사람이셨다(1:1).
- 예수님께서는 태초부터 하나님과 함께 계셨던 '생명의 말씀' 으로서, 그는 완전한 하나님이시다(1:2).

(2) 하나님은 빛이시다(1:5-2:29)

① 하나님은 빛이시다(1:5-7)

- 하나님께서는 빛이시다(1:5). 하나님이 어둠이 없는 빛이시라면 하나님의 자녀들 또한 빛의 자녀로 살아야 한다. 어둠 가운데 행하면서 하나님과 사귐이 있다는 말은 거짓이다(1:6).
- 빛과 어둠이 공존할 수 없듯이 하나님께서는 죄와 함께 할 수 없으신 분이시기 때문이다. 그러므로 어둠이 아니라 빛 가운데 행할 때, 성도 간의 사귐이 있게 되고 예수님의 피로 정결함을 얻게 된다(1:7).

② **죄를 버리라**(1:8-2:2)

- 빛 가운데 행하기 위해서는 먼저 죄를 버려야 한다. 죄는 빛이신 하나님과의 교제를 단절시키기 때문이다. 죄는 육체의 문제일 뿐 영과는 무관하기 때문에 스스로를 무죄하다고 말하는 자들의 주장은 거짓된 것이다(1:8).
- 오히려 죄를 자백할 때 하나님께서 우리의 죄를 사하여 주신다(1:9). 이는 예수 그리스도께서 아버지 앞에서 우리의 대언자요 화목제물이 되어주시기 때문이다(2:1-2).

③ **서로 사랑하라**(2:3-17)

성도가 교제해야 할 대상	
하나님	1:6; 3:1-2
예수 그리스도	2:1-2
성령님	2:27; 4:13
믿음의 지도자	2:14
다른 성도	3:14-18

"이 세상이나 세상에 있는 것들을 사랑하지 말라 누구든지 세상을 사랑하면 아버지의 사랑이 그 안에 있지 아니하니" (요일 2:15)

- 빛 가운데 행하기 위해서는 죄를 떨쳐 버리는 것에서 더 나아가 서로 사랑해야 한다. 서로 사랑하는 것은 주님의 계명으로써, 하나님 안에 거하는 자는 그의 계명을 지킨다(2:3-6).
- 형제를 미워하는 자는 어둠에 있는 자요, 형제를 사랑하는 자는 빛 가운데 거하는 자이다(2:9-10).
- 세상을 사랑하면 하나님의 사랑이 그 안에 있지 아니하며(2:15), 하나님의 뜻을 행하는 자는 하나님의 사랑이 그 속에서 온전하게 되어 하나님 안에 영원히 거하게 된다(2:5,17).

적그리스도(요일 2:18)
'그리스도를 대적하는 자' 라는 뜻

④ **성령 안에 거하며 믿음을 지키라**(2:18-29)

- 많은 적그리스도가 일어난 것으로 보아 마지막 때가 되었음을 알 수 있다(2:18). 여기에서의 적그리스도는 당시

교회로부터 나가 버린 이단들을 가리킨다(2:19).

- 그들은 예수님의 그리스도이심을 부인하고, 예수님에 관해 거짓된 관점을 전파함으로써 실제적으로는 예수님을 대적하는 사람들이다. 본서는 이러한 자들을 적그리스도로 간주하고 있다(2:22-23).
- 참된 그리스도인들은 성령의 기름부음을 받았기 때문에(2:20,27) 진리와 거짓을 구분할 수 있다(2:21).
- 거짓된 이단에 대처하기 위해서는 처음부터 들은 것 즉 복음이 신자들 안에 거하도록 해야 한다. 그러할 때 신자들은 아들과 아버지 안에 거하게 된다(2:24).

"자녀들아 우리가 말과 혀로만 사랑하지 말고 행함과 진실함으로 하자 이로써 우리가 진리에 속한 줄을 알고 또 우리 마음을 주 앞에서 굳세게 하리니" (요일 3:18-19)

(3) 하나님은 아버지시다(3:1-4:6)

① 하나님은 아버지시다(3:1-3)

- 하나님께서는 그 아들을 십자가에 내어주시기까지 우리를 사랑하심으로 우리의 아버지가 되어주셨다(3:1).
- 하나님의 자녀 된 우리는 장래에 주님을 보게 될 것이고 또 그와 같이 될 것이다(3:2). 그러므로 그의 깨끗하심과 같이 우리 자신을 깨끗하게 하는 것이 마땅하다(3:3).

② 죄를 버리라(3:4-9)

- 하나님의 자녀답게 살아가는 첫 번째 모습은 죄를 떨쳐버리는 것이다. 왜냐하면 예수님께서는 우리 죄를 없애려고 오셨기 때문이다(3:5).

- 예수님 안에 거하는 자들은 때때로 실패하기는 해도 죄를 범하지 않는다(3:6). 하나님께로부터 난 자는 하나님의 씨가 그의 속에 거하기 때문에 죄를 짓지 않는다(3:9).

③ 서로 사랑하라(3:10-24)

- 하나님의 자녀답게 살아가는 두 번째 모습은 서로 사랑하는 것이다. 주님이 우리를 위해 목숨을 버리셨으므로 우리도 형제들을 위하여 목숨을 버리는 것이 마땅하다(3:16). 서로 사랑하되 말과 혀로만이 아니라 행함과 진실함으로 해야 한다(3:18).
- 예수 그리스도를 믿고 '서로 사랑하라' 는 주님의 계명을 지킬 때(3:23), 우리 마음은 하나님 앞에서 담대함을 얻게 되고(3:21) 무엇이든지 구하는 바를 하나님께로부터 받게 된다(3:21-22).

④ 성령 안에 거하며 믿음을 지키라(4:1-6)

- 마지막 때에 그리스도인들은 영들이 하나님께 속하였는지를 분별하여 이단에 빠지지 않도록 조심해야 한다(4:1).
- 예수 그리스도께서 육체로 오신 것을 시인하는 영은 하나님께 속한 영이며, 이를 부인하는 영은 적그리스도의 영이다(4:2-3). 우리는 '예수 그리스도의 성육신' 이라는 기독교의 핵심 진리를 분명히 알고 또 전해야 한다.

(4) 하나님은 사랑이시다(4:7-5:13)

① 하나님은 사랑이시다(4:7-8)

- 하나님의 자녀인 우리는 그의 자녀답게 서로 사랑해야 한다. 왜냐하면 하나님 자신께서 사랑이시고 사랑의 근원이시기 때문이다(4:7-8).
- 사랑을 실천하는 자가 하나님께로부터 난 자이며, 하나님을 아는 자이다(4:7).

② 사랑하라(4:9-5:4)

- 하나님의 사랑은 어떻게 표현되어졌는가? 하나님께서는 우리를 살리시기 위해 그의 독생자를 화목 제물로 보내셨다(4:9-10). 하나님께서 이같이 우리를 사랑하셨으므로 우리가 서로 사랑하는 것이 마땅하다(4:11).
- 우리는 하나님을 볼 수 없다. 그러므로 우리는 피차간의 사랑을 통해 다른 사람들에게 우리 안에 거하시는 하나님의 사랑을 나타내는 것이다(4:12).
- 성령을 받고(4:13), 예수를 하나님의 아들이라 시인하며(4:14-15), 사랑 안에 거할 때(4:16), 우리는 하나님 안에 거하고 하나님께서 우리 안에 거하신다. 이는 우리로 심판날에 담대함을 가지게 하려 함이다(4:17).

③ 믿음을 지키라(5:5-12)

- 예수님께서 하나님의 아들이심을 믿는 자는 세상을 이긴다(5:5). 예수님께서 물과 피로 임하셨고, 진리이신 성

"사랑하는 자들아 우리가 서로 사랑하자 사랑은 하나님께 속한 것이니 사랑하는 자마다 하나님으로부터 나서 하나님을 알고 사랑하지 아니하는 자는 하나님을 알지 못하나니 이는 하나님은 사랑이심이라
(요일 4:7-8)

요한일서에 나타난 성령의 사역	
기름을 부어 주심	2:20
지혜를 주심	2:20
참된 것을 가르치심	2:20
하나님의 임재를 확신하게 하심	3:24
그리스도를 믿게 함	4:2-3
세상을 이길 힘을 주심	4:4
예수의 구속사역을 증거 하심	5:7-8

"그를 향하여 우리가 가진 바 담대함이 이것이니 그의 뜻대로 무엇을 구하면 들으심이라" (요일 5:14)

령께서 이를 증언하신다(5:6). 증언하는 이는 셋이니 성령과 물과 피다(5:7-9). 또한 하나님의 아들을 믿는 자에게는 생명이 있다(5:12).

(5) 결론(5:13-21)

① 그리스도인의 담대함(5:13-21)

- 본서를 기록한 목적은 이미 하나님의 아들을 믿는 본서의 독자들에게 영생이 있음을 알게 하려 함이다(5:13).
- 그리스도인들이 하나님의 뜻에 따라 구할 때 하나님께서는 항상 그 기도를 들으신다(5:14-15). 또한 성도들은 형제들을 위해서도 기도해야 한다(5:16).
- 하나님께로부터 난 그리스도인들에게는 하나님의 보호(5:18)와 하나님의 자녀 됨(5:19), 그리고 예수님을 통한 하나님과의 사귐(5:20)이라는 축복이 주어진다.
- 예수님께 대한 단호하고 확고한 선포로 시작된(1:1) 본서는 예수님께서 바로 "참 하나님이시며 영생" 이심을 다시 한 번 선포함으로써 끝을 맺는다(5:20).

요한일서의 적용과 실천

우리가 서로 간에 그리고 하나님과 순전한 사귐을 갖기 위해서는 어떻게 행해야 합니까(1:5-7)?

"예수님께서는 하나님의 아들이십니다" 라고 성령님의 인도를 따라 고백하고 그분의 임재를 기다려 봅시다(4:15).

요한은 예수그리스도를 통하여 사랑이 무엇인지를 말하고 있습니다. 사랑은 단순한 말이 아니라 자기 희생을 수반합니다. 예수 그리스도를 믿고 서로 사랑하라는 하나님의 계명을 순종할 때 하나님께서 믿는 자들 안에 거하신다는 사실을 확신할 수 있습니다.

요한일서(1~5장) 읽기

주일	월	화	수	목	금	토
1:1-10	2:1-17	2:18-29	3:1-12	3:13-24	4:1-21	5:1-21

요한이서

"부녀여, 내가 이제 네게 구하노니 서로 사랑하자 이는 새 계명 같이 네게 쓰는 것이 아니요
처음부터 우리가 가진 것이라" (요이 1:5)

기록목적 요한이서는 예수 그리스도의 성육신을 부인하고 도덕적인 방종으로 미혹하는 이단 사상을 경계하기 위하여 기록되었다. 동시에 그리스도의 복음에 근거한 바른 신앙을 정립하고 하나님의 계명인 사랑을 실천하는 삶을 살도록 권면하고 있다.

저　　자 사도 요한

특　　징 – 요한일서와 다르게 당시의 전형적인 편지 형식으로 기록되었다.
– 유일하게 택하심을 입은 부녀와 그의 자녀 앞으로 보내진 서신이다.

내·용·분·해

대분류	소분류	주요 내용
1. 진리 안에서 행하라 (1:1-13)	(1) 서론(1:1-3)	주의 자녀들에게 전하는 문안 인사
	(2) 진리와 사랑 가운데에서의 삶(1:4-11)	① 서로 사랑하라 ② 이단들을 경계하라
	(3) 끝인사(1:12-13)	방문할 계획을 전하는 끝인사

내 · 용 · 연 · 구

1. 진리 안에서 행하라(1:1-13)

(1) 서론(1:1-3)

요한은 택하심을 받은 부녀와 그의 자녀들에게 편지하면서, 은혜와 긍휼과 평강이 있기를 기원한다. "택하심을 받은 부녀와 그의 자녀들" 이라는 표현은 주님의 교회를 나타내는 상징적 표현이다.

(2) 진리와 사랑 가운데에서의 삶(1:4-11)

① 서로 사랑하라(1:4-6)

요한은 성도 간에 서로 사랑하고(1:5-6), 예수 그리스도의 육체로 오심을 부인하는 이단들을 조심하라고 권고한다(1:7).

② 이단들을 경계하라(1:7-11)

- 거짓 교사들이 그릇된 가르침을 퍼뜨리고 있다는 것을 알고 있던 요한은 특별히 이단을 집에 들이지도 말고 인사도 하지 말라고 당부한다(1:10).
- 요한은 사랑을 강조하고 있지만, 그리스도의 성육신이라는 가장 근본적인 진리를 부인하는 이단들에 대해서는 단호하게 대처할 것을 당부하고 있다.

진리안에 행하는 자의 태도 (요이 1:2-10)
생명을 드러냄(2절)
믿는 자를 사랑함(4절)
순종하도록 서로 세움(6절)
온전한 상을 얻음(8절)
그리스도의 교훈을 높임(9절)
거짓 교훈을 배척함(10절)

(3) 끝인사(1:12-13)

요한은 빠른 시일 내에 방문하여 성도들과 교제를 나눔으로 영적인 기쁨을 충만히 나눌 계획을 밝히고, 함께 있는 자들에게 인사를 전하면서 서신을 맺는다.

요한이서의 적용과 실천

우리는 하나님의 진리에 대해 뜨거운 사랑의 감동을 가진 자입니까(1:1-3)?

"서로 사랑하자" 라고 하신 말씀 처럼 우리의 생활 속에서 참으로 사랑를 외칠 수 있습니까(1:4-6)?

하나님은 진리인 동시에 사랑이십니다. 우리 안에 영원히 거하는 것은 하나님을 아는 진리와 거기에 근거한 사랑입니다. 우리가 서로 사랑 속에 있을 때 비로소 하나님과 함께 하는 것입니다.

요한이서(1장) 읽기

주일	월	화	수	목	금	토
1:1-13						

요한삼서

"사랑하는 자여 네 영혼이 잘됨 같이 네가 범사에 잘되고 강건하기를 내가 간구하노라" (요삼 1:2)

기록목적 요한삼서는 요한이 가이오라는 한 개인에게 보낸 서신으로써, 진리 안에서 행하는 가이오를 칭찬하고 악한 행동을 하는 디오드레베를 책망하기 위하여 기록되었다. 이를 통하여 교회 안에서 일어나고 있는 지도자로 인한 갈등을 해결하고 올바른 지도자상을 제시하고 있다.

저 자 사도 요한

특 징 – 초대교회 당시의 실정이 보여지는 서신이다.
– 가이오라는 특정 인물에게 보내진 개인적인 서신이다.

내·용·분·해

대분류	소분류	주요 내용
1. 선한 것을 본받으라 (1:1–15)	(1) 서론(1:1–2)	가이오에게 전하는 인사
	(2) 가이오에게 주어지는 내용(1:3–8)	가이오가 진리 안에서 행함을 기뻐함
	(3) 디오드레베와 데메드리오(1:9–12)	디오드레베의 악한 것을 본받지 말라
	(4) 끝인사(1:13–15)	속히 보기를 원하는 소망과 끝인사

내·용·연·구

1. 선한 것을 본 받으라(1:1-15)

(1) 서론(1:1-2)

요한은 사랑하는 가이오에게 편지하면서, 그의 영혼이 잘됨 같이 그가 범사에 잘되고 강건하기를 간구하며 축복을 전한다.

(2) 가이오에게 주어지는 내용(1:3-8)

- 진리 안에서 행하는 가이오의 신실함에 대한 소식을 듣고 요한은 크게 기뻐한다(1:3-4).
- 가이오는 순회 전도하는 형제들을 영접함으로써 그리스도의 진리를 실천하고 있음을 보여준다(1:5). "예수 그리스도께로부터 진리와 사랑 가운데서"라는 두 가지 영적 특징은 서로 보완적인 것으로써, 이는 신자의 고백과 실천이라는 그리스도인의 삶의 균형을 잘 보여준다(1:3, 6).

(3) 디오드레베와 데메드리오(1:9-12)

- 가이오와는 반대로, 디오드레베는 으뜸되기를 좋아하여 사도 요한과 그의 사람들을 접대하지 아니하였다. 뿐

요한삼서에 나타난 인물 비교	
가이오(1-8절)	진리 안에서 행함
디오드레베(9-10절)	악행을 일삼음
데메드리오(11-12절)	

만 아니라 악한 말로 그들을 비방하였으며, 그것도 부족하여 형제들을 접대하고자 하는 자를 금하여 교회에서 내쫓았다(1:10).

- 요한은 가이오에게 이러한 악한 것을 본받지 말고 선한 것을 본받으라고 당부한다(1:11).
- 데메드리오에 대한 칭찬의 말들은 요한이 그를 가이오에게 추천하고 있음을 알 수 있다(1:12).

(4) 끝인사(1:13-15)

요한은 속히 가이오와 대면하여 말하기를 소망하며 서신을 끝맺는다.

요한삼서의 적용과 실천

요한삼서 1장 2절 말씀을 적고 외워봅시다.

요한이 가이오를 위해 간구하는 것처럼 우리는 이웃 성도들의 복된 삶을 위해 기도하고 있습니까 (1:1-4)?

하나님께서 우리에게 맡기신 직분에 대해 매사에 두렵고 떨리는 마음으로 감당해야 합니다. 우리는 충성함으로 하고 영광은 하나님께 돌리는 겸손한 자가 되어야 합니다.

요한삼서(1장) 읽기

주일	월	화	수	목	금	토
1:1-15						

유다서

"사랑하는 자들아 너희는 너희의 지극히 거룩한 믿음 위에 자신을 세우며 성령으로 기도하며 하나님의 사랑 안에서 자신을 지키며 영생에 이르도록 우리 주 예수 그리스도의 긍휼을 기다리라" (유 1:20-21)

기록목적 이단의 미혹에 빠져 잘못된 믿음 가운데 있는 성도들의 잘못을 지적하고 믿음 속에 견고하게 서서 의롭게 살아가도록 격려하기 위해 본서를 기록하였다.

특　징 – 내용과 표현이 베드로후서와 유사하며 특히 유다서의 일부(1:4-13)는 베드로후서의 2장의 내용(2:1-17)과 거의 동일하다.

내·용·분·해

대분류	소분류	주요 내용
1. 거짓 선생들에 대한 경고 (1:1–16)	(1) 인사(1:1–2)	
	(2) 서신의 기록목적(1:3–4)	
	(3) 거짓 선생들(1:5–16)	① 과거의 불순종에 대한 하나님의 처벌 ② 거짓 선생들에 대한 고발 ③ 에녹의 예언
2. 성도들을 향한 믿음 (1:17–23)	(1) 기억과 권면(1:17–23)	① 사도들의 가르침을 기억하라 ② 믿음 가운데 굳게 서라
	(2) 영광송(1:24–25)	

내·용·연·구

1. 거짓 선생들에 대한 경고(1:1-16)

"사랑하는 자들아 우리가 일반으로 받은 구원에 관하여 내가 너희에게 편지하려는 생각이 간절하던 차에 성도에게 단번에 주신 믿음의 도를 위하여 힘써 싸우라는 편지로 너희를 권하여야 할 필요를 느꼈노니"(유 1:3)

(1) 인사(1:1-2)

- 성도들은 하나님의 사랑의 대상들이고, 하나님 안에 거한 자들이며, 예수 그리스도를 위하여 지키심을 받은 자들이다.
- 유다는 그들에게 긍휼과 평강과 사랑이 넘치기를 기도하고 있다.

(2) 서신의 기록목적(1:3-4)

- 성도들이 '믿음의 도를 위하여 힘써 싸우도록' 권면하기 위해서 서신을 기록하였다.
- 교회에 들어온 거짓 선생들의 두 가지 특징은 다음과 같다.
  - 하나님의 은혜를 음행을 저질러도 좋다는 구실로 삼는다(불경건과 방탕).
  - 그리스도의 유일성과 그분의 구원을 부정한다.

거짓 선생의 죄악(유 1:4-19)

- 경건하지 않음
- 하나님의 은혜를 방탕으로 바꿈
- 예수 그리스도를 부인함
- 하나님의 권위를 업신여김
- 교회의 분열을 일으킴

(3) 거짓 선생들(1:5-16)

① 과거의 불순종에 대한 하나님의 처벌(1:5-7)

- 신분만으로는 구원을 전혀 보장받지 못함을 보여주는 세 가지 예들이 성경에 기록되어 있다.
  - 이스라엘은 애굽에서 구원을 받았지만, 믿지 않았던 자들은 광야에서 죽었다.
  - 천사들은 하나님의 특별한 부르심을 받았지만, 불순종한 천사들은 반드시 처벌을 받았다.
  - 소돔과 고모라는 약속된 땅에 있는 도시들이었으며 그 가운데 하나님의 종들도 있었지만, 만연한 부도덕 때문에 멸망당했다.

② 거짓 선생들에 대한 고발(1:8-13)

- 거짓 선생들은 과거의 실수를 반복하고 있기 때문에 멸망할 것이다. '화 있을진저!'
- 그들은 세 가지의 나쁜 선례들을 따르고 있다.
  - 가인: 하나님의 형상대로 지음을 받은 자기 형제에 대한 존중심을 전혀 보여 주지 않음
  - 발람: 개인적 이득을 위해서 이스라엘을 곁길로 빠지게 인도
  - 고라: 모세를 통하여 행사되었던 하나님의 권위를 배척
- 거짓 선생들은 꿈꾸며, 육체를 더럽히며, 권위를 업신여

기며, 영광을 비방하면서도 뻔뻔스럽게 그리스도인의 교제 가운데 참석하여 그 교제를 더럽히고 있었다.

③ **에녹의 예언**(1:14-16)

- 에녹의 예언은 거짓 선생들에게 임박해 있는 확실한 처벌을 확증해 준다.
- 하나님께서 그들을 심판하는 이유는 그들이 원망하며 불만을 토하고, 정욕대로 행하며, 자랑과 아첨하는 말을 하면서 교회를 어지럽히기 때문이다.

2. 성도들을 향한 믿음(1:17-25)

(1) 기억과 권면(1:17-23)

① **사도들의 가르침을 기억하라**(1:17-19)

- 성도들은 거짓 선생들을 경계하고 사도들의 가르침을 따라 참 신앙을 견고히 지켜야 한다.
- 거짓 선생들의 출현은 사도들이 이미 경고했던 일이며, 그들은 자기의 경건하지 않은 정욕대로 행하며, 조롱하며, 분열을 일으키며, 육에 속한 자며, 성령이 없는 자들이다.

② **믿음 가운데 굳게 서라**(1:20-23)

- 거짓 선생들의 영향을 피할 수 있는 5가지 방법은 다음

"사랑하는 자들아 너희는 너희의 지극히 거룩한 믿음 위에 자신을 세우며 성령으로 기도하며 하나님의 사랑 안에서 자신을 지키며 영생에 이르도록 우리 주 예수 그리스도의 긍휼을 기다리라" (유 1:20-21)

과 같다.

내 용	의 미	관련성구
지극히 거룩한 믿음 위에(1:20)	예수 그리스도의 참된 신앙의 터전 위에 서야 한다.	행 20:32
자신을 세우며(1:20)	일점일획도 변함 없는 성경의 진리에 입각한 신앙생활을 해야 한다.	골 2:7
성령으로 기도하며(1:20)	성도는 마귀와 싸우기 위해서 하나님의 전신 갑주로 무장함과 동시에 성령의 능력으로 기도해야 한다.	엡 6:18
하나님의 사랑 안에서 자신을 지키며(1:21)	성도는 세상 가운데 있지만 하나님의 사랑만을 붙잡고 세상에 동화되지 않도록 스스로를 지켜야 한다.	시 121:3-8
예수 그리스도의 긍휼을 기다리라(1:21)	성도는 행위로 구원받는 것이 아니라 예수 그리스도의 대속을 통하여 영생을 얻는다. 그리스도께서는 인자와 자비를 베푸시는 분이시다.	애 3:22 딛 3:5

- 성도들은 거짓 선생들을 경계하고 사도들의 가르침을 따라 참 신앙을 견고히 지켜야 한다.

(2) **영광송**(1:24-25)

- 유다는 성도들을 믿음에서 떨어지지 않게 보호하시고, 주 예수 그리스도로 말미암아 영광과 위엄과 권력과 권세가 영원토록 있기를 기도하면서 서신을 끝맺는다.

유다서의 적용과 실천

유다는 자신을 예수님의 동생이라고 하지 않고 무엇이라고 소개합니까(1:1)?

우리 주위에 신앙의 회의를 느끼고 방황하는 성도가 있다면 어떤 마음과 태도를 취해야 합니까(1:22-23)?

유다는 거짓 선생들의 이단의 내용보다는 이단을 가르치는 선생들에 대하여 애찬의 암초, 물 없는 구름, 뿌리까지 뽑힌 열매 없는 가을 나무, 바다의 거친 물결, 유리하는 별들 등과 같은 자연에 대한 은유를 사용하면서 이들의 성품에 대해 조심하라고 권면한다.

유다서(1장) 읽기

주일	월	화	수	목	금	토
1:1-25						

요한계시록

"이것들을 증언하신 이가 이르시되 내가 진실로 속히 오리라 하시거늘 아멘 주 예수여 오시옵소서" (계 22:20)

기록목적 요한계시록은 여러가지 위협에 직면해 있는 소아시아의 일곱 교회에게 보내어진 서신으로서, '예수 그리스도와 교회의 승리' 라는 위로와 소망의 메시지를 전해 주기 위해 기록되었다.

저 자 사도 요한

특 징
- 본서를 통한 영적인 가르침은 요한의 시대를 넘어 미래의 모든 교회들에게도 적용되어지고 있다.
- 요한계시록은 여러 가지 묵시 문학의 특징들을 지니고 있다.
- 요한계시록은 다니엘서와 놀랄 만큼 비슷한 특징들을 가지고 있고 다니엘서의 상징들과 주제들이 본서에서 더욱 발전되었기에 다니엘서와 연계해서 해석할 수 있다.

내·용·분·해

대분류	소분류	주요 내용
1. 예수 그리스도와 교회의 승리 (1:1–22:21)	(1) 예수 그리스도의 계시 (1:1–8)	① 예수 그리스도의 계시 ② 삼위일체 하나님으로부터 온 은혜와 평강 ③ 그리스도의 재림에 대한 예언
	(2) 예수 그리스도와 일곱 교회에 보내는 메시지(1:9–3:22)	① 승귀하신 예수 그리스도 ② 일곱 교회에 보내는 메시지
	(3) 하늘의 성전 환상 (4:1–5:14)	① 하늘의 보좌와 하나님 예배 ② 일곱 인봉한 책과 어린 양의 출현
	(4) 7년 환난 시대 – 전 3년 반(6:1–10:11)	① 어린 양이 처음 여섯 개의 인을 뗌 ② 십사만 사천 명을 보호하는 인침 ③ 일곱째 인과 처음의 여섯 나팔 ④ 작은 책의 환상
	(5) 7년 환난 시대 – 후 3년 반(11:1–19:21)	① 두 증인 ② 일곱째 나팔과 일곱 대접 ③ 바벨론의 심판에 관한 계시들 ④ 예수님의 지상 재림
	(6) 천년 왕국과 흰 보좌 심판(20:1–15)	① 천년 왕국 ② 흰 보좌 심판
	(7) 새 창조와 새 예루살렘 (21:1–22:21)	① 새 창조와 새 창조의 주인인 교회 ② 새 예루살렘의 모습 ③ 결론을 위한 메시지

내·용·연·구

1. 예수 그리스도와 교회의 승리(1:1-22:21)

(1) 예수 그리스도의 계시(1:1-8)

① 예수 그리스도의 계시(1:1-3)

- 본 서신은 하나님께서 예수 그리스도에게 주셨고, 예수 그리스도께서는 천사를 통해 요한에게 전하신 계시이다. 그러므로 이 계시는 신적인 권위를 가지고 있다.
- 계시의 목적은 그 종들에게 보이시기 위함이며, 계시의 내용은 '반드시 속히 일어날 일들' 이다.

② 삼위일체 하나님으로부터 온 은혜와 평강(1:4-6)

- 요한은 서신의 인사말을 통해 은혜와 평강을 전하며 그 신적 근원을 밝힌다.
- 이 은혜와 평강은 "이제도 계시고 전에도 계셨고 장차 오실 이" 이신 "예수 그리스도" 로부터 나온다.

③ 그리스도의 재림에 대한 예언(1:7-8)

- 다시 오실 주님은 초림 때의 낮고 천한 모습이 아니라 영광의 심판주로 오신다.
- 여기서의 재림은 '지상 재림' 을 가리킨다. 그를 찌른 자와 각 사람과 모든 족속이 다 그를 본다는 것은 7년 환란 후의 지상 재림 때를 말한다.

요한계시록이 가르치는 복있는 자(계 1:3)
말씀을 읽고, 듣고, 지키는자(1:3)
주 안에서 죽은자(14:13)
깨어 부끄러움을 보이지 않는자(16:15)
천국 혼인잔치에 참예하는 자(19:9)
예언의 말씀을 가감없이 지키는 자(22:7)
두루마기를 깨끗이 빠는 자(22:14)

(2) 예수 그리스도와 일곱 교회에 보내는 메시지(1:9-3:22)

① 승귀하신 예수 그리스도(1:9-20)

- 밧모 섬에 있던 요한은 성령에 감동되어 나팔 소리 같은 큰 음성을 듣는다. 그 음성은 환상을 기록하여 일곱 교회에 보내라고 명령한다(1:9-11).
- 요한은 일곱 금 촛대 사이에 계신 "인자 같은 이"를 본다. 그는 높임을 받은 예수 그리스도로서, "처음이요 마지막이며, 전에 죽었으나 이제 세세토록 살아있으며, 사망과 음부의 열쇠를 가진 분" 이시다(1:12-18).
- 예수 그리스도께서는 요한에게 "네가 본 것"과 "지금 있는 일"과 "장차 될 일"을 기록하라고 명령하시며, 일곱 별과 일곱 금 촛대가 의미하는 바를 해석해주신다(1:19-20).

음부(계 1:18)
구약에서는 죽은 자들이 심판 날 까지 대기하는 처소 혹은 무듬을 가리키나 여기서는 '사망' 즉 단순히 죽어있는 상태를 의미

② 일곱 교회에 보내는 메시지(2:1-3:22)

- 일곱 교회는 당시 소아시아에 있던 일곱 교회를 가리키지만, 요한은 완전 숫자인 일곱을 채택함으로써 교회 전체를 나타내고 있다.

에베소 교회(계 2:1–7)	
그리스도의 이름	오른손에 일곱 별을 붙잡고, 일곱 금 촛대 사이를 거니시는 분
칭찬	수고, 인내, 순결
책망/경고/격려	처음 사랑을 버렸다, 회개하지 않으면 촛대를 옮길 것이다.
이기는 자에게 약속	하나님의 낙원에 있는 생명나무의 열매

서머나 교회(계 2:8-11)	
그리스도의 이름	처음이며 마지막이요 죽었다가 살아나신 분
칭찬	환란과 궁핍 가운데 있지만 실상은 부요한 자
책망/경고/격려	고난을 두려워하지 말고, 죽도록 충성하라.
이기는 자에게 약속	생명의 면류관과 둘째 사망의 해를 받지 않음

버가모 교회(계 2:12-17)	
그리스도의 이름	좌우에 날선 검을 가지신 분
칭찬	그리스도의 이름을 굳게 잡고, 믿음을 저버리지 아니함
책망/경고/격려	발람, 니골라당의 교훈을 지키는 자들이 있다. 회개치 않으면 검으로 그들과 싸우실 것이다.
이기는 자에게 약속	감추었던 만나와 아무도 모르는 이름이 기록된 흰 돌

두아디라 교회(계 2:18-29)	
그리스도의 이름	그 눈이 불꽃 같고 그 발이 빛난 주석 같은 하나님의 아들
칭찬	사업, 사랑, 믿음, 섬김, 인내
책망/경고/격려	행음과 우상의 제물을 먹음, 기회를 주었으나 음행을 회개하지 않음, 회개치 않는 자를 큰 환난 가운데에 던질 것이다.
이기는 자에게 약속	만국을 다스리는 권세와 새벽 별

사데 교회(계 3:1-6)	
그리스도의 이름	하나님의 일곱 영과 일곱 별을 가지신 분
칭찬	옷을 더럽히지 않은 몇 사람만 흰 옷을 입게 될 것
책망/경고/격려	행위의 온전한 것을 찾지 못함, 회개치 않으면 내가 도둑 같이 이르리라.
이기는 자에게 약속	흰 옷, 생명책에서 지워지지 않을 것임

빌라델비아 교회(계 3:7-13)	
그리스도의 이름	열면 아무도 닫을 수 없고 닫으면 아무도 열 수 없는 다윗의 열쇠를 가지신 분
칭찬	작은 능력을 가지고서도 하나님의 말을 지키며 이름을 배반치 않음
책망/경고/격려	네가 가진 것을 굳게 잡아 아무도 네 면류관을 빼앗지 못하게 하라.
이기는 자에게 약속	하나님 성전의 기둥이 될 것임, 새 예루살렘의 이름과 하나님의 새 이름을 줄 것임

라오디게아 교회(계 3:14-22)	
그리스도의 이름	아멘이시요, 충성되고 참된 증인이시요, 하나님의 창조의 근본이신 분
칭찬	없음
책망/경고/격려	차지도 덥지도 않음, 부요하다고 착각, 나의 음성을 듣고 문을 열라.
이기는 자에게 약속	나의 보좌에 함께 앉게 하여 줄 것임

(3) 하늘의 성전 환상(4:1-5:14)

요한계시록의 전개 과정

4장부터는 "장차 될 일"이 전개된다. 2-3장이 지상의 교회에 초점을 맞추는 반면, 4-5장은 하늘에 존재하는 교회에 초점을 맞춘다. 요한이 본 하늘의 성전에는 이 세상을 통치하시는 하나님과 어린 양의 보좌가 있다. 이는 이어지는 6-16장에 등장하는 세 가지 일곱 시리즈 심판(인 심판, 나팔 심판, 대접 심판)의 시행자가 바로 하나님이시라는 것을 말해 준다. 보좌위에 앉으신 이가 분명 살아 계시다는 것과 그 분이 주권자가 되신다는 사실은 고난 가운데 있는 성도들에게 큰 위로를 준다.

① **하늘의 보좌와 하나님 예배**(4:1-11)

- 요한은 하늘에 열린 문을 보고, "이리로 올라오라"는 음성을 듣는다(4:1). 이는 그리스도의 공중 재림과 함께 교회가 공중으로 들려 올라갈 것을 예시한다(참조. 살전 4:16-17).
- 보좌를 에워싼 이십사 장로들은 금관을 쓰고 흰 옷을 입고 역시 보좌에 앉아 있다. 이들은 구약의 열두 지파와 신약의 열두 사도들로서, 구원받은 모든 성도들을 대표한다(4:4).
- 보좌로부터 번개와 음성과 우렛소리가 나며, 보좌 앞에 하나님의 일곱 영이 있다(4:5).
- 보좌 가운데와 주위에는 네 생물이 있는데(4:6-8), 하나님 보좌 곁의 네 '그룹 천사'들이다.
- 네 생물과 이십사 장로들이 창조주 되신 하나님께 경배를 드린다(4:8-11).

하늘의 보좌

본서에는 두 개의 왕좌에 관한 이야기가 등장한다. 하나는 하늘에 펼쳐진 하나님의 하늘 보좌이고 다른 하나는 짐승의 왕좌이다. 전체 드라마는 바로 이 두 힘의 세력으로 인하여 벌어지는 파워 게임을 다루고 있다. 두 왕좌의 이야기를 통하여 과연 누가 궁극적인 통치의 권한을 가지는지, 누가 절대적인 능력을 가지는 역사의 주인인지, 누가 세상을 주관하는지를 보여준다.

② **일곱 인봉한 책과 어린 양의 출현**(5:1-14)

- 하나님의 오른 손에 들린 일곱 인으로 봉해진 두루마리를 열고 볼 수 있는 자격이 있는 자가 없다(5:1-3). 이를 인하여 요한이 울고 있을 때, 장로 중의 한 사람이 "유대 지파의 사자 다윗의 뿌리"가 이겼으니 그가 일곱 인을 뗄 것이라고 말해준다(5:5).
- 일찍 죽임을 당한 어린 양, 죽음을 통해 이기신 그리스도께서 나아와서 그 두루마리를 취하신다(5:6-7). 그러자 네 생물과 이십사 장로들, 수많은 천사들, 그리고 모든 피조물이 하나님께 경배를 드린다(5:8-14).

일곱 인봉한 책과 어린 양이신 예수 그리스도

일곱 인봉한 책은 진노와 심판의 내용을 담고 있지만 성도들에게는 승리와 구원 역사의 완성을 의미한다. 책의 인을 뗄 때에 하나님의 최종적인 구속의 완성과 그로 인한 하나님 백성의 승리가 성취될 것이다. 이 인을 떼기에 합당한 자는 어린 양 예수 그리스도이시다. '어린 양'은 십자가를 통하여 승리하신 예수 그리스도께서 불의한 역사를 종결하고 하나님의 백성의 구원과 승리를 성취하실 것임을 나타낸다.

(4) 7년 환난 시대 - 전 3년 반(6:1-10:11)

6장부터는 인봉되었던 두루마리가 열리면서 7가지 인 재앙을 필두로 7나팔과 7대접 재앙의 순으로 재앙의 강도가 점진적으로 더해 간다. 6-16장의 일곱 재앙의 내용은 다음과 같다.

일곱 인 (6:1–8:1; 8:3–5)

일곱 나팔 (8:2; 8:6–11:19)

악과 충돌하는 하나님의 백성 이야기(12:1–14:20; 15:2–4)

일곱 대접 (15:1; 15:5–16:21)

① 어린양이 처음 여섯 개의 인을 뗌(6:1-17)

어린 양이신 예수 그리스도께서 일곱 인 중의 하나를 떼자 지상에는 7년 환난이 시작된다.

인 심판	심판의 내용
첫째 인과 흰 말 탄 자(6:1–2)	적그리스도
둘째 인과 붉은 말 탄 자(6:3–4)	전쟁
셋째 인과 검은 말 탄 자(6:5–6)	기근, 경제적 파탄
넷째 인과 청황색 말(6:7–8)	사망
다섯째 인(6:9–11)	순교자들의 탄원
여섯째 인(6:12–17)	천재지변
일곱째 인(8:1–5)	하늘이 반 시간쯤 고요해짐

② 십사만 사천 명을 보호하는 인침(7:1-17)

- 지상에서 이스라엘 자손의 각 지파 중에서 십사만 사천 명이 이마에 인침을 받는다. 이들은 7년 환난의 전 3년 반 동안 복음을 전할 자들로서 모두 유대인들이다.

- 능히 셀 수 없는 큰 무리가 흰 옷을 입고 보좌에 앉으신 하나님과 어린 양께 경배를 드린다. 이들은 전 3년 반 동안 십사만 사천 명의 전도를 받아 구원받은 사람들이다.

③ 일곱째 인과 처음의 여섯 나팔(8:1-9:21)

- 일곱째 인(8:1-5)

  일곱째 인을 떼실 때에 하늘이 반 시간쯤 고요해지고, 하나님 앞에 서 있는 일곱 천사가 일곱 나팔을 받는다. 성도들의 기도가 하나님 앞으로 올라가고, 그에 대한 응답으로 천사가 제단의 불을 땅에 쏟자 우레와 음성과 번개와 지진이 난다.

- 처음 여섯 나팔의 환상(8:6-9:21)

나팔 심판	심판의 내용
첫째 나팔 심판(8:7)	피 섞인 우박과 불이 떨어져 땅과 수목의 1/3을 태움
둘째 나팔 심판(8:8–9)	불 붙는 큰 산과 같은 것이 바다에 떨어져 바다의 1/3을 태움
셋째 나팔 심판(8:10–11)	횃불 같이 타는 큰 별이 떨어져 강의 1/3이 쓴 물이 됨
넷째 나팔 심판(8:12)	해와 달과 별의 1/3이 어두워짐
다섯째 나팔 심판(9:1–12)	황충이 다섯 달 동안 인간을 괴롭힘(인 맞은 자 제외)
여섯째 나팔 심판(9:13–21)	유브라데 강에 결박된 네 천사의 놓여남으로 인간의 1/3이 죽음
일곱째 나팔 심판(11:15–18)	종말

나팔과 심판

나팔은 이스라엘 백성들이 전쟁과 위험한 일에 대한 경고를 알릴 때, 또는 절기나 위대한 사람의 죽음을 알릴 때 사용되었다. 여기서 나팔은 종말론적으로 하나님의 진노의 날을 선포하기 위해 사용된다. 나팔 심판은 인 재앙보다 재앙의 강도가 더 심하다. 그러나 아직 끝은 아니다.

④ 작은 책의 환상(10:1-11)

- 하늘에서 힘 센 천사가 내려와 바다와 땅을 밟고 서서 외친다(10:1-7).
- 요한은 그 천사의 손에 있던 작은 두루마리를 가져다가 먹는다. 거기에는 후 3년 반 동안 일어날 예언의 말씀이 적혀 있는데, 그것을 먹은 후 요한은 많은 백성들과 나라와 방언과 임금에게 다시 예언할 사명을 받는다(10:8-11).

(5) 7년 환난 시대 - 후 3년 반(11:1-19:21)

① 두 증인(11:1-14)

- 성전을 측량하라는 명령(11:1-2)

요한은 하나님의 성전, 제단, 그리고 예배하는 자들을 측량하라는 명령을 받는다. 그러나 성전 바깥 마당은 측량하지 말라는 명령을 받는데, 그곳은 이방인에게 주었은즉 저희가 거룩한 성을 마흔두 달 동안 짓밟을 것이기 때문이다(11:2; 참조. 단 7:25).

- 두 증인의 생애(11:3-13)

두 증인들은 천이백육십 일(마흔두 달) 동안 예언할 것이며, 주님으로부터 권능을 받아 표적들을 행한다. 이 두 증인은 두 감람나무와 두 촛대인데, 모세와 엘리야를 가리킨다(참조. 슥 4:1-14). 그들이 증언을 마칠 때에 무저갱으로부터 올라오는 짐승이 그들을 죽인다. 그러나 3일 반 후에 하나님께로부터 생기가 들어가자 그들은 일어나 하늘로 올라간다.

② **일곱째 나팔과 일곱 대접**(11:15-16:21)

- 일곱째 나팔(11:15-18): 일곱째 천사가 나팔을 불자 하늘로부터 큰 음성들이 나서 주님의 나라가 완성될 것을 선포한다. 이에 이십사 장로들은 감사 찬송을 부르며 하나님께 경배를 드린다.
- 여자와 아이와 용(11:19-12:17): 하늘에 큰 이적이 일어났는데, 해를 옷 입고 발 아래 달이 있고 열두 별의 관을 쓴 여자(참된 하나님의 백성)가 아이를 해산한다. 하늘에 또 다른 이적이 보이는데, 머리가 일곱이요 뿔이 열인 붉은 용(사탄)이 그 아이를 삼키려고 한다. 여자가 낳은 아들은 "철장으로 만국을 다스릴 예수 그리스도"로서 하나님의 보좌 앞으로 올라간다(12:1-6).
- 미가엘과 그의 사자들이 용과 싸우고, 그 결과 용 곧 사탄은 땅으로 내쫓긴다. 그러자 용은 남자를 낳은 여자를

박해한다. 그러나 여자는 하나님께서 예비하신 곳에 들어가 후 3년 반 동안 양육을 받는다(12:6; 13-16).

- 두 짐승(13:1-18): 바다에서 한 짐승이 나오는데, 뿔이 열이요 머리가 일곱이다. 이 짐승은 적그리스도를 지칭하는데, 용으로부터 마흔두 달, 즉 3년 반 동안 일할 권세를 받는다(13:1-10). 땅에서 또 다른 짐승이 올라오는데, 두 뿔이 있고 용처럼 말을 한다. 이 짐승은 거짓 선지자를 지칭하는데, 땅에 사는 자들을 미혹하여 먼저 나온 짐승에게 경배하게 만든다. 또한 모든 자에게 그 오른손이나 이마에 표를 받게 만든다(13:11-18).
- 막간 예언(14:1-20): 어린 양과 십사만 사천 명이 시온 산에 서서 새 노래를 부른다(14:1-5). 십사만 사천 명은 전 3년 반이 지나자마자 죽지 않고 공중으로 올라간 것이다. 세 천사에 의해 임박한 심판이 경고된다(14:6-13). 그 내용은, '첫째 천사'의 영원한 복음 선포, '둘째 천사'의 바벨론의 멸망에 대한 예언, '셋째 천사'의 짐승과 그의 우상에게 경배한 자들에 대한 경고이다.
- 경고되었던 심판이 집행된다. 두 종류의 추수가 나오는데, 먼저 구름 위에 앉은 인자와 같은 이, 즉 예수 그리스도께서 낫을 휘둘러 땅의 곡식을 거둔다(14:14-16). 이는 후 3년 반 동안에 마지막 순교자들을 거두시는 것이다. 두 번째 또 다른 천사가 낫을 휘둘러 땅의 포도를 거두는

데, 이는 불신자들을 거두는 최후의 심판이다(14:17-20).

- 일곱 대접 심판(15:1-16:21): 15장은 16장의 대접 심판에 대한 서론적 준비라고 할 수 있다. 이긴 자들은 유리 바닷가에 서서 어린 양의 노래를 부른다(15:1-4). 동시에 대접 심판이 준비되는데, 하늘의 성전이 열리고, 네 생물 중 하나가 하나님의 진노를 담은 금 대접 일곱을 일곱 천사에게 전달한다(15:5-8).
- 16장에서 드디어 일곱 대접 심판이 시작된다. 처음 네 가지가 자연계에 대한 것이라면, 나머지 세 가지는 사탄의 보좌에 대한 직접적인 심판이다.

나팔 심판	심판의 내용
첫째 대접 심판(16:2)	땅 위에 쏟아지고, 독종이 생겨남
둘째 대접 심판(16:3)	바다에 쏟아지고, 모든 생물이 죽음
셋째 대접 심판(16:4–7)	강과 물 근원에 쏟아지고, 피가 됨
넷째 대접 심판(16:8–9)	해에 쏟아지고, 사람들이 불로 태워짐
다섯째 대접 심판(16:10–11)	짐승의 왕좌에 쏟아지고, 그 나라가 어두워짐
여섯째 대접 심판(16:12–16)	유브라데 강에 쏟아지고, 용과 짐승과 거짓 선지자의 입에서 나온 더러운 세 영이 전쟁을 위하여 아마겟돈으로 왕들을 모음
일곱째 대접 심판(16:17–21)	마지막 대접이 공중에 쏟아지자, 보좌로부터 "되었다"라는 큰 음성이 들려옴. 드디어 하나님을 대적하고 하나님의 백성을 괴롭히던 세력, 바벨론이 멸망함

③ 바벨론의 심판에 관한 계시들(17:1-18:24)

계 17-18장

17-18장은 마지막 대접 심판에서 그려진 바벨론의 멸망에 대한 보다 상세한 설명이다. 17장에서는 음녀, 18장에서는 큰 성 바벨론이 나오는데, 전자는 종교적 바벨론을, 후자는 정치 · 경제적 바벨론을 가리킨다.

- 큰 음녀에 관한 환상(17:1-6): 일곱 천사 중 하나가 음녀가 받을 심판을 보여주는데, 그 여자는 일곱 머리와 열 뿔을 가진 붉은 빛 짐승을 타고 있다(17:3). 이 음녀는 성도들의 피와 예수의 증인들의 피에 취해있다(17:6).
- 요한이 본 환상에 대한 설명(17:7-18): 음녀가 탄 짐승은 "전에 있었다가 지금은 없으나 장차 무저갱으로부터 올라와 멸망으로 들어갈 자" 이다(17:8). 그 일곱 머리는 일곱 왕으로서 다섯은 망하였고 하나는 있고 다른 하나는 아직 이르지 않았다(17:9-10). 전에 있었다가 지금은 없어진 이 짐승은 여덟 째 왕인데 멸망으로 들어가게 된다(17:11). 열 뿔은 열 왕으로서 자기의 능력과 권세를 짐승에게 준다(17:12-13).
- 그들이 어린 양과 더불어 싸우겠지만, 만주의 주시요 만왕의 왕이신 어린 양이 저희를 이길 것이요, 또 주와 함께 있는 자들도 이길 것이다(17:14).

- 열 뿔과 짐승이 음녀를 망하게 하는데(17:16), 이 음녀는 땅의 왕들을 다스리는 큰 성(17:18)으로서, 타락한 종교 단체를 가리킨다. 이렇게 하여 종교적인 바벨론이 멸망하게 된다.
- 큰 성 바벨론의 멸망(18:1-24): 이 큰 성 바벨론은 정치적, 경제적 바벨론으로써 적그리스도의 도성이라고도 할 수 있는데, 하루 동안에 멸망당한다(18:8). 바벨론이 멸망한 원인은 음행, 사치와 치부, 불의한 행동들이지만 근본적인 죄의 뿌리는 교만이다(18:7). 이에 땅의 왕들은 슬피 울지만(18:9-19), 하늘과 성도들과 사도들과 선지자들은 공의로운 하나님의 심판을 즐거워한다(18:20).

④ 예수 그리스도의 지상 재림(19:1-21)

- 하늘의 찬양(19:1-5): 바벨론을 향한 하나님의 심판에 대한 응답으로써 하늘에서 찬양의 노래가 울려 퍼진다. 하나님의 종들이 흘린 피에 대해 행하신 하나님의 심판은 진실하고 정당하다.
- 어린 양의 혼인 잔치(19:6-10): 어린 양이신 예수 그리스도와 들림 받은 교회의 혼인 잔치의 때가 왔다(18:7). 신부 된 교회는 깨끗한 세마포 옷으로 준비하였는데, 이는 성도들의 옳은 행실이다(18:8).
- 예수님의 지상 재림(19:11-16): 백마를 탄 예수 그리스도를 세마포를 입은 하늘의 군대들이 뒤따른다.

- 아마겟돈 전쟁(19:17-21): 바벨론이 멸망했으므로 남겨진 악의 세력은 두 짐승(바다에서 올라온 짐승과 땅에서 올라온 짐승인 거짓 선지자)과 그를 추종하는 임금들과 용이다. 두 짐승과 그를 추종하는 임금들과 그 군대들이 예수 그리스도와 그의 군대들과 전쟁을 한다. 그 결과 짐승과 거짓 선지자는 유황 불 붙는 못에 던져지고, 그 나머지는 모두 예수님의 입에서 나온 검에 죽는다(악의 실체가 등장하는 순서: 용-두 짐승-바벨론, 악이 심판받는 순서: 바벨론-두 짐승-용).

백마타고 나타나신 그리스도의 이름(계 19:11-16)
충신과 진실(11절)
알 수 없는 이름(12절)
하나님의 말씀(13절)
만왕의 왕, 만주의 주(16절)

(6) 천년 왕국과 흰 보좌 심판(20:1-15)

① 천년 왕국(20:1-10)

- 용(옛 뱀, 마귀, 사탄)의 운명(20:1-3): 사탄은 철저하게 패배당하고 결박당하여 무저갱에 천 년 동안 갇히어 만국을 미혹하지 못하게 된다. 그러나 천년이 지난 후 잠깐 놓이게 된다.
- 심판하는 보좌들과 첫째 부활(20:4-6): 순교당한 자들과 짐승에게 경배하지 아니하고 이마와 손에 그의 표를 받지 아니한 자들은 살아서 그리스도와 함께 천 년 동안 왕 노릇하는데 이것이 첫째 부활이다. 이 첫째 부활에 참여하는 자들은 둘째 사망을 당하지 않는다. 그 나머지 죽은 자들은 천 년이 다 차기까지 일어나지 못한다.

- 용의 최종적 운명(20:7-10): 천년이 차자 사탄이 무저갱에서 놓여나 땅의 사방에 흩어져 있는 백성 곧 '곡과 마곡' (참조. 겔 38-39장)을 미혹하여 하나님을 대적한다. 그들이 성도들의 진과 사랑하시는 성을 둘러싸자 하늘로부터 불이 내려와 저희를 태워버린다. 그리고 사탄은 불과 유황 못에 던져진다.

② **흰 보좌 심판**(20:11-15)

- 요한은 흰 보좌와 그 위에 앉으신 이를 본다. 심판이 시작되자 죽은 자들이 모두 부활하여 심판대 앞에 서고, 자기 행위를 따라 심판을 받고 불못에 던져지는데 이것이 둘째 사망이다. 누구든지 생명책에 기록되지 못한 자는 불못에 던져진다.

불못(계 20:14)
사람이 꺼지지 않는 불로 소금치듯 함을 받는 곳으로 고통이 영원한 곳

(7) 새 창조와 새 예루살렘(21:1-22:21)

① **새 창조와 새 창조의 주인인 교회**(21:1-8)

- 요한은 새 하늘과 새 땅을 본다. 처음 하늘과 처음 땅은 없어졌고 바다도 보이지 않는다(21:1).
- 거룩한 성 새 예루살렘이 하늘에서 내려온다(21:2). 이제 하나님께서 자신의 백성과 함께 계실 것이며 그가 만물을 새롭게 하신다는 음성이 보좌로부터 들려온다(21:3-8).

② **어린 양의 아내, 새 예루살렘의 모습**(21:9-22:5)

- 예수 그리스도의 아내 된 우리의 단장은 새 예루살렘의

단장과 같다. 새 예루살렘의 모습이 우리의 모습과 같기 때문에 새 예루살렘을 "신부, 곧 어린 양의 아내"라고 말한 것이다(21:9).

- 새 예루살렘은 하나님의 영광이 있어 그 성의 빛은 지극히 귀한 보석 같고, 성의 열두 문에는 열두 지파의 이름이 있고 열두 기초석 위에는 열두 사도의 이름이 새겨져 있다(21:11-21).
- 새 예루살렘에는 성전 건물이 없고, 하나님과 어린 양 자신이 친히 성전이 되신다(21:22).
- 하나님과 어린 양의 보좌로부터 생명수의 강이 흘러나오고, 강 좌우에는 생명나무가 있다. 이제 성도들은 하나님의 얼굴을 보게 되며 세세토록 왕 노릇 하게 된다(22:1-5).

③ 결론을 위한 메시지(22:6-21)

- 신실하신 하나님의 말씀에 대한 합당한 반응(22:6-9)
  예수 그리스도께서는 자신이 속히 오실 것과 이 예언의 말씀을 지키는 자에게는 복이 있을 것이라고 말씀하신다(22:6-7). 그러므로 우리가 해야 할 일은 이 말씀을 지키고 선포하는 것이며, 우리의 유일한 경배의 대상이신 하나님만 경배하고 섬겨야 한다(22:8-9).
- "알파와 오메가요 처음과 마지막이요 시작과 마침"이 되시는 예수 그리스도께서는 속히 오실 것이며, 상을 가

지고 오셔서 각 사람에게 행한 대로 갚아 주실 것이다(22:12-13). 이 책에 무엇을 더하는 자나 제하는 자는 저주를 받게 된다(22:16-19).

- 예수 그리스도께서는 "내가 진실로 속히 오리라" 고 다시 한 번 말씀하신다. 주님이 오셔서 심판과 구속이 완성되기를 바라는 "아멘 주 예수여 오시옵소서" 라는 기도는 지금 우리의 기도가 되어야 한다(22:20).

요한계시록의 적용과 실천

예수님께서는 우리의 믿음의 행위가 차든지 더웁든지 하기를 원하시며 그렇지 않으면 토해내리라고 하셨습니다. 현재 우리의 상태는 어떻습니까(3:14-22)?

요한계시록 22장 20절 말씀을 적어보고 외우고 장차 오실 주님을 찬양합시다.

사도 요한의 증거를 통하여 우리는 새 예루살렘의 찬란한 영광의 모습을 볼 수 있습니다. 오늘날 우리는 오직 어린양의 생명책에 기록되어지는 영광을 위해서 이 세상을 살아가는 동안 오직 예수 그리스도 한분만을 의지하는 참 믿음과 거룩함으로 경건한 삶을 살아야 합니다.

요한계시록(1~22장) 읽기

주일	월	화	수	목	금	토
1:1-20	2:1-3:22	4:1-5:14	6:1-10:11	11:1-16:21	17:1-20:15	21:1-22:21

하·나·님·의·말·씀